AF537860

Sofia Grillo

Bonn Kneipengeschichten

Chaos, Kölsch und Kellerrock

Wartberg Verlag

Ein Dank geht an:

Alfred Endres, Anne Wibbe, Axel Arenz, Basko Münster, Carola Eck-Philipp, Christoph Bösche, Claudia Jasper, Dieter Zapfe, Fred Prünte, Friedl Drautzburg, Hans-Joachim Schmitt, Harald Grunert, Heinz Filthaut, Helge Klassen, Helmut Lausberg, Hendrik Sieders, Holger Dierks, Jens Hoffmeister, Johannes Hack, Karl-Heinz Schwamborn, Klaus Berger, Lutz Petersen, Lutz Spieckermann, Marcus Streck, Marianne Evans, Martin Linder, Max Malsch, Peter Haeb, Rene Konitzer, Robert Böhnke, Stadtarchiv Bonn, Tarik Ait Ayad, Thomas Schneider,Ulrike Schnindler-Doerk, Walter Kettmann, Wolfgang Koll und Youssef Mrabet

Bildnachweis

Umschlagvorderseite: Jens Hoffmeister: oben, Ulrike Schindler-Doerk: unten, Peter Haeb: links
Umschlagrückseite: Heinz Filthaut

Max Malsch: S. 5, 45 unten, 59 unten; Robert Böhnke: S. 6 unten, 7 oben, 13 oben, 14, 15, 19 oben, 20 oben und unten, 21 alle; Anne Wibbe: S. 7 unten, 8, 10 oben und unten, 11 oben und unten; Stadtarchiv und Stadthistorische Bibliothek Bonn; Camillo Fischer: S. 16 unten, 63; Stadtarchiv und Stadthistorische Bibliothek Bonn; Jan Bartelsman: S. 61; Stadtarchiv und Stadthistorische Bibliothek Bonn; Max Malsch: S. 62; Pinte: S. 17, 18; Heinz Filthaut: S. 22 oben und unten, 23, 25 oben und unten; Martin Linder: S. 26 oben und unten, 27, 28; Zebulon: S. 29, 30, 31 32, 33 oben und unten, 34; Ulrike Schindler-Doerk: S. 35, 36, 37, 38, 39 oben und unten, 42 oben, 48, 52; Carola Eck-Philipp: S. 40, 55; Johannes Hack: S. 41; Harald Grunert: S. 42 unten, 43, 44 oben und unten, 45 oben, 46; STÄV: S. 47 oben und unten; Laterne: S. 49 oben und unten; Südbahnhof: S. 50 oben, 53; Rene Konitzer: S. 54; Sofia Grillo: S. 50 unten, 56; Helge Klassen: S. 57 oben und unten, 58, 59 oben, 60, 66; Karl-Heinz Schwammborn: S. 64, 74 oben und unten; Marianne Evans: S. 65 oben (links); Jens Hoffmeister: S. 65 unten (rechts), 68, 69 oben; Fred Prünte: S. 67; Wolfgang Zimmer: S. 69 unten; Hendrik Sieders: S. 70; Alfred Endres: S. 71, 73, 76 oben, 78 oben und unten; Peter Haeb: S. 72; Klaus Berger: S. 75, 76 unten, 77

1. Auflage 2022

Layout und Satz: Christiane Zay, Passau

Druck: Druck- und Verlagshaus Thiele & Schwarz GmbH, Kassel

Buchbinderische Verarbeitung: Buchbinderei S. R. Büge, Celle

34281 Gudensberg-Gleichen, Im Wiesental 1

Telefon: 0 56 03 -9 30 50

www.wartberg-verlag.de

ISBN 978-3-8313-3402-5

Inhalt

Ein Wort vorab

Jede Kneipe ist mehr als nur ein Raum mit Tresen, Tischen und Stühlen. Es ist ein Raum, in dem Millionen Worte gesprochen werden und Tausende Menschen ein und aus gehen. Sie alle tragen Erinnerungen an „ihre“ Kneipe in sich. Mit einigen von ihnen habe ich gesprochen: Mit Wirten, Stammgästen und Barkeepern, und sie berichteten mir von den Kultkneipen Bonns in den 60er- bis 90er-Jahren, deren Atmosphäre ich in diesem Buch wieder aufleben lasse – und damit bei Ihnen, liebe Leserinnen und Leser, die eigenen Erinnerungen an Ihre Stamm- oder Lieblingskneipe wecken möchte.

Es sind Erinnerungen an eine Zeit, in der im Bus Stop, im 1600 Club oder im Underground die Beat-Musik den Ton in Bonn angab. Eine Zeit, in der aus der Pinte Jazz dröhnte und mit Eiern geschmissen wurde. Es sind Erinnerungen an den zugenagelten Schuppen in der Altstadt und die verrauchte Schumann-Klause in der Südstadt, wo Tagediebe und Revolutionäre philosophierten und die Gesellschaft kritisierten. An eine Zeit, in der im Bonnbons Wasserschlachten und im Zebulon die absurdesten Wetten ausgefochten wurden.

Im Nachtleben der damaligen Bundeshauptstadt Bonn ging es wild und chaotisch zu. Die Kneipen waren die Wohnzimmer der Stadt, wo sich die Bürger kennenlernten, Freundschaften fürs Leben und die Liebe fanden. Wer damals in Alt- und Südstadt unterwegs war, der schwärmt bis heute von der Kneipendichte, dem Zusammenhalt und dem Blödsinn, der auf den allabendlichen Touren entstanden ist. Auf geht's, schwärmen Sie aus und machen Sie mit diesem Buch eine Kneipentour durch die Vergangenheit – durch die Kultkneipen Bonns der 60er- bis 90er- Jahre.

Sofia Grillo

Die Streuner der Altstadt

Die Dämmerung bricht ein, die Straßenlampen gehen an, die Pforten der Kneipen öffnen sich. In die Getränke mischen sich Geplapper, Geflüster, Gegröle, Gejammer, Jubel, Scherze und philosophische Gespräche. Die Gläser klirren beim Prost. Die Menschen sitzen und stehen, umarmen oder stupsen sich, kuscheln oder gestikulieren. Hier und da wird getanzt oder wenigstens mit dem Kopf gewippt. Kurz, hier herrscht Leben.

ALT STADT das von Bonn

Wir beginnen unsere Kneipentour in die Vergangenheit durch die Altstadt Bonns. Diesen Namen bekam der Stadtteil übrigens erst Mitte der 70er-Jahre, als sich eine Gruppe von Wirten zu einem Bündnis zusammenschloss und das Ziel verfolgte, die Nordstadt ganz im Vorbild der Düsseldorfer Altstadt zu einem Szeneviertel für Kneipenbummler zu etablieren. Das Bündnis gestaltete ein Logo und Flyer für das neue Bonner Szeneviertel und dachte sich den Aktions-Montag aus. An diesem Tag gab es günstigeres Bier und je nach Kneipe auch Schnäpse. Dem Bündnis schlossen sich immer mehr Kneipen der Alt-

Die belebte Breite Straße in der Altstadt, Rosenmontag 1980.

In der Altstadt-Kneipe Pille wird ausgelassen gefeiert.

stadt an. In einem Flyer der 90er-Jahre findet man auf einem Stadtteilplan der Altstadt 27 Kneipen und Gaststätten eingezeichnet, die den Nachtschwärmern jede Menge Abwechslung boten.

Die meisten Kneipen in der Altstadt befanden sich innerhalb eines kleinen Carrés – in der Heerstraße, Dorotheenstraße, Breitestraße und Paulstraße. Das weiß Hans-Joachim Schmitt, der von 1968 bis Ende der 70er-Jahre nur wenige Schritte vom Treiben entfernt wohnte. „Die Straßen und Kneipen waren rappelvoll, man war locker, nirgendwo gab es Türsteher. In die Altstadt ist man gegangen, um einfach nur ein Bier zu trinken.“ Weil der Tummelplatz der Altstadt so überschaubar war, kannte man sich untereinander. „Meist ist man durch die Altstadt gebummelt, hat drei bis vier Kneipen besucht, hat in jeder einen Bekannten getroffen und ist auch mal hängen geblieben“, so Hans-Joachim Schmitt.

Der Schuppen

Und nun wollen auch wir in einer Kneipe der Altstadt hängen bleiben: Wir machen unseren ersten Zwischenstopp.

Der Schuppen von außen.

Das „Design“ im Schuppen war ein wenig „gammelig“. Den Gästen gefiel es.

Es war ein Ort für Streuner, Philosophen, Künstler, gelangweilte Studenten und Tagediebe: **Der Schuppen** in der Bonner Altstadt galt als Studentenkneipe. Doch unter Studenten sollte man sich nicht etwa die heutigen zielstrebigen und die Regelstudienzeit beachtenden jungen Leute vorstellen. „Man war irgendwie eingeschrieben, hat aber an der Uni nicht viel gemacht. Stattdessen saß man auf der Hofgartenwiese mit einer Tüte Kirschen und einem Bier. Und später, wenn die Dunkelheit anbrach, ging man in eine Kneipe“, erzählt die Bonnerin Anne Wibbe. Als sie nach ihrem Abitur aus Paderborn nach Bonn kam, landete sie direkt im Schuppen in der Heerstraße und war fortan Stammgast. „Ein interessanter, aber verruchter und verrückter Ort, an dem getrunken und geraucht wurde.“ Machen wir wie Anne unseren ersten Halt an diesem Ort und lassen wir uns in seinen Sog ziehen.

Dicht an dicht

„Der Schuppen war eine Sucht. Jeden Abend standen wir dort. Spätestens ab 22 Uhr gab es bis zur Theke kein Durchkommen mehr. Auch das Zurufen der Bestellung an das Theken-Personal war unmöglich, denn die Musik dröhnte so laut, dass sich alle nur schreiend unterhalten konnten. Man bekam also sein Getränk nur, indem man seine Bestellung seinem Vordermann quasi ins Ohr brüllte, der sie wiederum an den Vordermann weitergab. Wir hatten zwar alle kein Geld, aber für zehn Bier am Abend hat es irgendwie immer gereicht“, erzählt Anne.

Schließlich verfiel man in philosophische Gespräche – spätestens nach dem sechsten Bier war man beim Sinn des Lebens angekommen. Die Luft war zum Zerschneiden, so verqualmt war sie von den kettenrauchenden Gästen. Die Fenster waren mit Brettern vernagelt, alles war dunkel. Im vorderen Bereich gab es nicht einmal Stühle oder Tische, man stand den ganzen Abend lang dicht an dicht. Nur im hinteren Teil gab es Sitzgelegenheiten aus rotem Samt – ehemalige Sitze aus ausrangierten Zugabteilen.

1974 wurde der Schuppen von Christof Bösche und Bernd Markendorf eröffnet. Anne fing bald bei ihnen hinter der Theke an und mit Anfang zwanzig pachtete sie die Kneipe schließlich selbst „Meine Eltern kamen für den Pachtvertrag nach Bonn und als meine Mutter das Haus sah, schüttelte sie nur den Kopf und sagte: ‚Du liebe Güte, was ist das denn für eine Bude?!'" Sie stand laut Anne immer auf Kriegsfuß mit den Haus und weigerte sich, es zu betreten. Selbst als die Eltern von Anne nur zwei Jahre später das Haus kauften. „Ich war keine 25 Jahre alt und hatte eine Kneipe und ein Haus. Heute denke ich schon, dass das mutig war. Aber ich war vielleicht nicht ganz so betrunken wie die anderen und ich war auch ziemlich schnell bereit, mir eben nicht wie die anderen mit dem Studium etwas vorzumachen", erinnert sich Anne an ihr früheres Ich. In dieser Zeit hatte die Jugend keinerlei Druck beim Studieren – höchstens aus dem Elternhaus, doch das war den meisten recht egal. Sie hatte einfach nur Zeit und wusste: „Wenn ich morgen sage, dass ich keine Lust mehr habe zu studieren, bekomme ich trotzdem zehn Jobs angeboten, von denen ich leben kann." Und so studierten die meisten eben schon im 20. Semester Fächer wie Philosophie oder Germanistik ohne Aussicht auf einen Abschluss.

Monatelange Baustelle

Anne hatte inzwischen die Uni verlassen, um Wirtin zu werden. „Wenn der Schuppen vorher voll war, so war er jetzt noch voller. Ich war eine von den Gästen und es machte keinen Unterschied, ob ich vor oder hinter der Theke stand. Ich habe getrunken und ein gutes Geschäft gemacht. Ich habe ziemlich viel Geld verdient. An Karneval war mein Bruder allein dafür zuständig, das Geld aus der Kasse alle zwei Stunden in Tüten aus der Kneipe zu tragen." Aber das Geld blieb nicht in den Säcken, sondern wurde investiert. Die Heimat des Schuppens war eine ehemalige Bäckerei mit angeschlossener Backstube. Anne träumte von einem Restaurant und wollte die Backstube dafür verwenden. Weil sie keine zweite Konzession für ein Restaurant vom Ordnungsamt bekommen hätte, machte sie einfach einen Durchbruch von der Kneipe ins spätere Restaurant. Für den Umbau geisterten nicht etwa Bauarbeiter auf der Baustelle herum, sondern Stammgäste, von denen einige selbst tagsüber ihren abendlichen Alkoholpegel beibehielten.

Auch die Toiletten sollten renoviert werden und als Anne die alten herausriss, entdeckte sie unter den unzähligen Toiletten-Sprüchen an der Wand einen, den sie nie vergessen hat: „Goethe ist tot, Schiller ist tot und mir ist auch schon ganz schlecht." Monatelang war der Schuppen eine Baustelle ohne Gästetoiletten. „Heutzutage hätte mir das Ordnungsamt bei den Zuständen ganz bestimmt den Laden geschlossen, aber ich habe ihn

Als der Schuppen Ende der 70er umgebaut wurde, packten die Stammgäste mit an.

Der Betrieb lief trotz Baustelle weiter. „Heute hätte das Ordnungsamt das niemals durchgehen lassen", sagt Anne Wibbe.

monatelang so betrieben", erzählt Anne. Als das Restaurant dann geöffnet war, begann für Anne eine weitere spannende Zeit, in der die ersten Grünen – ein Grüppchen um Waltraut Schoppe, Gründungsmitglied der Partei –, zu ihren Stammgästen zählten. „Doch insgesamt war es eine sehr anstrengende und arbeitsintensive Zeit, durch die ich mich auch immer mehr aus dem Schuppen zurückzog", erinnert sich Anne.

Im ChezAnne ging es wesentlicher kultivierter zu als im Schuppen.

Das ChezAnne

In den 80ern etablierten sich in Bonn Studentenkneipen, die nicht mehr mit Holz vernagelt, etwas heller und weniger gammelig waren. Anne: „Die Zeiten hatten sich geändert, es gab einen Stimmungswechsel und ich hatte es nicht gemerkt – oder zu spät. Bald bekam ich Probleme mit den Gästen. Das war dann nicht mehr so einträglich." Sie musste etwas ändern, doch eigentlich, so sagt sie, hatte sie die Kraft für die Gastronomie und auch das Interesse daran verloren. Sie war in all der Zeit eine andere geworden, musste aber aus Verpflichtung gegenüber ihren Eltern, die das Haus in der Heerstraße gekauft hatten, weiterhin die Gastronomie am Laufen halten. Also entschied sie sich, den Schuppen umzubauen und umzubenennen. „Ich machte alle vernagelten Fenster auf, stellte Tische und Stühle in den Raum, klebte kleine Spiegel an die Wand und ein Glasmosaik an die Theke. Der Schuppen hieß jetzt ChezAnne. Ich machte Vernissagen und hängte Kunst aus. Das Konzept entsprach mir wieder und es zog auch wieder Gäste an", erzählt die ehemalige Wirtin. Das ChezAnne betrieb Anne ein bis zwei Jahre, gab es schließlich ab und studierte Jura. 1984 wurde das ChezAnne in Pawlow umbenannt und besteht seither unter diesem Namen in der Altstadt weiter.

Die Musik macht's

Die Lieblingskneipen suchten sich die Altstadt-Bummler nach dem Publikum aus und das wurde wiederum von der jeweiligen Hintergrundmusik angezogen. Im **Karussel** in der Heerstraße lief beispielsweise eher populäre Musik der 70er und man fand jüngeres Publikum vor. In der Kneipe **Bei Waldi** von Wirt Waldemar Franke war Rockmusik angesagt und das hat sich dann auch auf das Publikum niedergeschlagen. „Das war eine legendäre Absturzkneipe und ein Geheimtipp, wenn um 1 Uhr nach der Sperrstunde alles zu hatte. Man klopfte, eine Klappe in der Tür ging auf, man wurde erkannt und reingelassen. Es war alles perfekt isoliert und so hörte man von draußen nicht, dass die Party dort weiterging", erzählt Basko Münster, der in seiner Studienzeit in der Altstadt und ihren Kneipen unterwegs war.

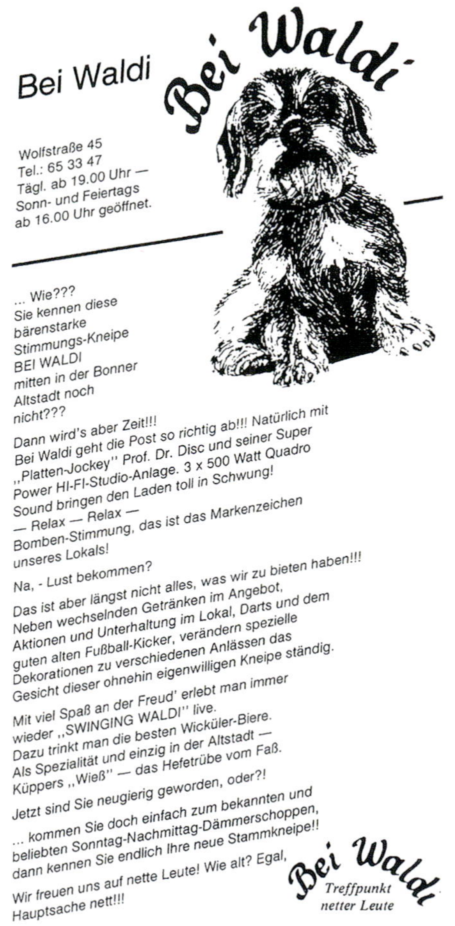

Das Zappes

Die beiden Wirte vom **Zappes** können sich an einen Kniff erinnern, der es ihnen erlaubte, die Sperrstunde locker ein wenig mehr auszureizen. So kehrten die Polizeibeamten aus ihrer Wache in der Bornheimer Straße am Abend in der Kneipe in der Heerstraße ein und genossen ihr Feierabendbier. Irgendwann fruchteten die Überredungskünste des Zappes-Teams und die Polizisten riefen die Wirte der Altstadt an, bevor das Ordnungsamt Kontrollen durchführte. Entweder machte man an solchen Abenden wirklich dicht oder man schleuste – zumindest im Zappes – die Gäste kurzerhand in den Hinterhof, um nicht entdeckt zu werden.

Dieter Zapfe eröffnete das Zappes in der Altstadt 1975. Schon 1970 hatte er sich nach einem abgebrochenen Studium mit dem Deux Chevaux in der Breite Straße 72 selbstständig gemacht. Während der Name des Deux Chevaux von seinem damaligen Auto – einer Ente des gleichnamigen Modells – abgeleitet

Im Zappes.

war, nahm er sich für seine zweite Kneipe seinen eigenen Namen zum Vorbild. Bei seinem Nachnamen Zapfe lag es wohl nicht nur nahe, Wirt zu werden, sondern auch, das rheinische Wort für den Zapfkellner „Zappes" von ihm abzuleiten. Das Zappes in der Heerstraße 52 zeichnete sich durch vieles aus – unter anderem durch seine Erdnuss-Rinne, die sich entlang der Theke zog. „Das gab natürlich immer eine riesige Sauerei. Die Erdnussschalen, die auf dem Boden landeten und früher oder später nass wurden, waren glitschig. Unsere Kellnerinnen haben sich dadurch ein paar Mal schön hingelegt", erzählt Dieter Zapfe.

Ebenfalls einzigartig im Zappes war das Venti-Roulette: Über den Stehtischen hingen Ventilatoren. Um ihre Blätter schlängelte sich an einer Stelle eine Stange an deren unterem Ende unter den Blättern eine Lampe befestigt war. Jedes Ventilatoren-Blatt hatte eine Macke und war somit von den anderen zu unter-

ZAPPES

Im Krausfeld,
Tel.: 63 27 40

Eine der ältesten Altstadt-Kneipen ist das „Nicht-nur-Studenten-Lokal „ZAPPES".

Liebevoll verschnörkelt und ehrlich — so ist diese Kneipe. Hier kann man in gemütlicher Atmosphäre miteinander reden. Eine Begegnungsstätte, an der man nicht vorbeigehen kann.

Der ZAPPES ist ein uriges Glasbiergeschäft mit kleiner „Speisetafel". Gepflegte Biere und Kleinigkeiten für den kleinen Hunger laden zu einem Besuch ein. Der ZAPPES, mitten in der Bonner Altstadt im Krausfeld, ist täglich ab 19.00 Uhr geöffnet.

Wer sein Bier mal selber zapfen möchte, bekommt preiswert ein 10-Liter-Pittermännchen samt Zapfhahn und Gläsern auf den Tisch gestellt.

Karneval im Zappes – zu sehen ist Markus Streck.

scheiden. Nun wetteten die Gäste, welches Blatt an der Stange stehen bleiben wird, wenn der Ventilator ausgeschaltet wird – natürlich ging es beim Wetteinsatz um den Gönner der nächsten Runde. „Irgendwann klebten auch Zahlen auf den Ventilatoren-Blättern", erinnert sich Holger Dierks, der im Zappes arbeitete. „An dem Abend, als die Zahlen eingeführt wurden, kam ich in die Kneipe, alles war still, jeder glotzte den Ventilator an. Spannung und Aufregung gingen durch die gesamte Kneipe."

Die Laublöser

An Silvester hatte Dieter Zapfe Geburtstag und schenkte jedes Jahr kostenloses Bier aus. „Jeder wusste das und die Kneipe war im ganzen Jahr nicht so voll wie an diesem Abend", sagt Dieter Zapfe. Es klopften die ein oder anderen „Laublöser" an die Tür, die man sonst nie im Zappes sah. Laublöser, erklären die Altstadt-Bummler, ist das rheinische Wort für Schnorrer – für diejenigen, die sich das Bier besonders gerne für Lau „reinblasen". Doch auch an anderen Tagen im Jahr war das Zappes voll und es hatte natürlich seine treuen Stammgäste. Dieter Zapfe und Holger Dierks erinnern sich gerne an einen Gast, der immer in derselben Ecke saß, sein Bier, seinen Schnaps und seine Zigaretten immer an derselben Stelle sehen wollte. Wenn zu spät vorgerückter Stunde Musik aufgelegt wurde, saß der Gast nicht mehr in seiner Ecke. Er war ein begnadeter Tänzer. Und weil er hochgewachsen und sehr korpulent war, hingen ihm die Tanzpartnerinnen auf den Armen und dem Bauch, ihre Füße baumelten in der Luft und der Gast schwenkte sie wie Püppchen durch den Raum.

Altstadtbummler.

1985 übernahm Holger Dierks das Zappes. Er führte es bis 1990 weiter. Danach wurde aus dem Zappes das Brauhaus Macholds, das bis vor Kurzem in der Altstadt Bestand hatte.

Das PUB

Verlassen wir nun die Heerstraße und bummeln wir über die Dorotheenstraße, wo man in der Hausnummer 8 am **PUB** von Wirt Peter Dunkel vorbeikam. Von vielen Altstadt-Urgesteinen wird diese Kneipe als Juristen-Schuppen bezeichnet, der „der misslungene Versuch war, etwas vornehmer zu sein", wie es Erwin Ruckes ausdrückt, der direkt gegenüber vom PUB wohnte. Gemieden wurde das PUB von denen, die es belächelten, dennoch nicht.

So berichten einige männliche Altstadt-Kenner der 70er- bis 90er-Jahre, dass man die Kneipe gerne ansteuerte, um „in der Damenwelt noch eine Begleitung abzustauben". Aber diesen Versuch wollen wir auf unserer Tour nicht unternehmen und gehen weiter auf die Breite Straße.

Pinte

Wer mehr als nur Hintergrundmusik in der Altstadt suchte, ging in die **Pinte**, in der Jazztöne den engen Raum füllten. Die Pinte auf der Breite Straße 46 gibt es seit 1968. Ihr Besitzer Dieter Franke spielte selbst Banjo und veranstaltete regelmäßige Jazz-Konzerte. Wer den Wirt kennenlernte, benutzte den Spitznamen Mögebier. Seine Frage an die Gäste „Mögen Sie ein Bier?“ sprach er meist so genuschelt und gestottert aus, dass davon nur

PINTE
Breite Straße 64
Bonn-Altsstadt
Tel.: 65 61 51
täglich geöffnet von
18.00 bis 1.00 Uhr

Gegen 18.00 Uhr fängt das Leben in der Altstadt an. Wer so früh schon ein Bier in jazziger Atmosphäre trinken möchte, wird sich bei Dieter in der PINTE wohlfühlen. Die PINTE hat als Altstadt-Lokal schon Geschichte gemacht. Glauben Sie übrigens nie, die PINTE sei zu voll. Wenn man schwört, jetzt passe wirklich niemand mehr hinein, ist es nach PINTE-Maßstab erst halb voll. Jazz ist Dieters musikalischer Trumpf. Manchmal jazzt man auch live. Und wer Lust hat, kann auch selbst mitmachen. In der PINTE haben sich schon Jazzer wie Chris Barber, Monty Sunshine, die Dutch Swing College Band und viele andere wohl gefühlt. Bei gepflegtem Bitburger-Pils und Mühlen-Kölsch kann man es hier sehr lange aushalten. Stets gekühlte Pittermännchen (ab 10 Liter) zum Verkauf außer Haus vorrätig.

Hannen Alt Bitburger Mühlen Kölsch

Livemusik in der Pinte.

noch „Mögebier“ übrig blieb. Erwin Ruckes kannte den Wirt gut, denn die Pinte war sein Wohnzimmer. „Sie war ein potthässlicher Bretterverschlag, dreckig und dunkel, aber drinnen ging die Post ab“, fasst er die Atmosphäre zusammen. Die Gäste kamen aus allen Berufsschichten und in Massen. „So viel Hektoliter, wie dort an einem Abend verkauft wurde, bekommt man heute in der gesamten Altstadt nicht zusammen“, sagt Ruckes. Wie Ruckes war Walter Kettmann Teil der Hausband der Pinte. Auch er erinnert sich gut an den kleinen, schlauchförmigen Raum, an dessen Längsseite der Tresen stand. „Hinten spielte die Band und vorne, am vernagelten Fenster, war es hardcore.“ Was meint er damit? Ganz einfach, die Stelle war zwar eng, dennoch versuchten sich bis zu 50 Stammgäste dort hineinzuquetschen. „Man hob nur die Hand für die nächste Bestellung und schon kamen die nächsten 50 Apfelkorn oder Kölsch“, weiß Kettmann.

Spontan-Anarchismus

Und wie es mit einer engen Kneipe voller Bier trinkender Bekannter so ist, schaukelte sich in der Pinte der Blödsinn immer weiter hoch. Ruckes nennt diesen Zustand „Spontan-Anarchismus“ und erinnert sich an folgende Situation: Er saß mit vielen anderen Stammgästen in der besagten engen Ecke. Im hinteren Teil des Schlauches, vor den Toilettentüren, hing eine nackte Glühbirne. Ein Gast hatte ein großes Brett Eier auf den Tresen gestellt. Schließlich versuchten die Gäste in der Ecke am Anfang des Schlauches, die Glühbirne am Ende des Schlauches mit den Eiern zu treffen. Durch den gesamten Raum flogen die Eier. „Man kann sich vorstellen, wie die Kneipe und die Gäste danach aussahen.“

An Heiligabend gab es in der Pinte eine Weihnachtsfeier – spätestens um 22 Uhr kamen die Stammgäste frustriert oder genervt von ihren privaten Feiern in ihre Kneipe, um ein Bier zu trinken, beschreibt Ruckes. Sie sollten an diesem Abend mit einer Versteigerung unterhalten werden. Mögebier schlug Ruckes vor: „Komm wir versteigern die Plakate unserer Hausband.“ Also gingen die beiden in den Keller, wo sie circa 30 Plakate der Pinte-Jazz-Gang fanden. Kurzerhand signierten sie sie selbst mit den Namen aller Band-Mitglieder und priesen sie danach als Erinnerungsstücke mit „Original-Unterschriften der Musiker“ an, erinnert sich Erwin Ruckes.

Natürlich wurde der Spontan-Anarchismus an anderen Abenden weiter fortgeführt. Etwa beim Skatspielen über die Sperrstunde hinaus, die damit endete, dass Ruckes mit etwa

Die Pinte heute.

2,5 Promille um 5 Uhr morgens an der Eingangstür der Pinte lehnte und den vorbeiziehenden Werkstätigen „Geht schaffen ihr Affen" hinterherrief. Oder etwa als Ruckes aus Wut auf Mögebier einen Eimer grüner Wandfarbe von der obersten Stufe des Pinte-Eingangs stieß, sich daraufhin die Farbe wie ein Teppich auf den unteren Stufen und der Straße ausbreitete und länger als ein halbes Jahr die Breite Straße zierte. Mögebier führte seine Pinte bis 1999. Die Pinte gibt es nach wie vor in der Altstadt – allerdings unter neuen Besitzern und in einer neuen Zeit.

Wir bleiben in der Vergangenheit, in der sich Wirte, Barkeeper und Stammgäste so gut kannten, dass beinahe jede Kneipe – ja, die gesamte Altstadt – ihr Wohnzimmer war.

„Jede Kneipe hatte ihre Südkurve – also einen Thekenabschnitt, wo Abend für Abend pünktlich zur Öffnung die gleichen Stammgäste saßen. Die haben den Wirten die Pacht bezahlt. Und wehe, jemand anderes saß auf ihrem Platz, das konnte ungemütlich werden", erzählt Basko Münster. Einem dieser wackeren Stammgäste hat ein Wirt aus der Altstadt sein Leben zu verdanken. Der Stammgast kratzte vor Öffnung der Kneipe am Eingang seines angestammten Lokals und merkte, dass die Tür offen war. Als er eintrat, sah er, dass der Wirt zusammengeklappt hinter seiner Theke lag. Rechtzeitig wurde der Krankenwagen gerufen und der Wirt versorgt. In seiner Abwesenheit kümmerten sich seine Mitarbeiter darum, dass der Laden weiterlief.

Pille

Die Mitarbeiter prägten wie die Wirte den Charakter einer Kneipe. Einer davon war Marcus Streck, der in den 80ern bis in die 90er in der Pille in der Dorotheenstraße 2 (Ecke Breite Straße) arbeitete. „Jeder Mitarbeiter hatte so seinen Stammtag und ließ dann die Musik seines Geschmacks laufen – meist aber Rock. Doch neben aufgelegter gab es auch Live-Musik", erzählt Streck. In der Pille stand ein Klavier, auf dem auch der Kabarettist und Musiker Konrad Beikircher Anfang der 80er-Jahre das ein oder andere Spontan-Konzert veranstaltete.

PILLE

Dorotheenstraße 2
Tel.: 65 38 60
täglich geöffnet von 19.00 bis 1.00 Uhr

Studentenlokal — einfach gemütlich — man kennt sich — oder man lernt sich kennen.

SC Fortuna Bonn Volley-Ball Bundesliga-Mannschaft, Stammgäste in der Pille

großes Ehrenwort: kein neon — aber solide rock & pop musik von b-z (kein abba, aber zappa), dab meister pils — gereons kölsch — rheinisch alt — GUINESS vom fass — weizenbier — berliner weisse und und ... alles zu vernünftigen preisen, wöchentlich wechselnde angebote — flipperturniere — schach — sibbe schröm — doppelkopf — skat oder einfach nur gemütliches klönen.

Pille

Marcus Streck (damals) war von den 80ern bis in die 90er Barkeeper in der Pille.

In den 90er-Jahren gab es mit den Sonderaktions-Tagen „Stromlos" bei Kerzenschein Akustikmusik mit Gitarren und Klavier in der Pille.

Übrigens, bevor aus dem Raum an der Breite Straße Musik drang, wurden darin Brötchen gebacken. In den Räumen der späteren Pille befand sich nämlich eine Bäckerei und kurzzeitig eine Pommesbude.

Die Pille war neben ihren stromlosen Tagen für weitere Aktionen im Stadtteil bekannt: Hier endeten regelmäßig Rallyes, die von mehreren Altstadtwirten gemeinsam organisiert wurden. Dabei wurden die Teilnehmer mit dem Auto oder Fahrrad quer durch Bonn und die Region geschickt, um Fragen zu beantworten und Aufgaben zu erfüllen.

In der Pille geht die Post ab.

Das Pille-Team in den 80er-Jahren.

Auch das Zappes-Team nahm am der Regatta teil.

Pille-Regatta auf dem Rheinauensee. Das Pille-Team sticht in See.

Neben den Rallys organisierte das Kneipenteam die Pille-Regatta: Jeder Teilnehmer musste sich einen schwimmenden Untersatz bauen und damit auf dem Rheinauensee in Bonn „in See stechen". Nach dem Wettrennen auf selbst gebauten Booten wurden regelrechte Schlachten beim Fischerstechen ausgetragen, wobei die Teilnehmer auf ihren Booten stehend ihre Gegner mit gepolsterten Stöcken von ihrem schwimmenden Untersatz zu schubsen versuchten. Zum Schluss wurde in der Pille gefeiert, wurden Gewinner geehrt, und die Ereignisse des Tages rekapituliert.

Ihren Ursprung fand das Treiben in der Pille Ende der 70er-Jahre: Richard Grunwald übernahm die ehemalige Bäckerei und baute sie zu einer Kneipe um. Ihm folgte Werner Höffken Anfang der 80er-Jahre und führte sie bis Mitte der 90er.

Die Kneipen der Altstadt veranstalteten regelmäßige Rallyes und die Teams hatten an jeder Station bestimmte Aufgaben zu lösen.

Die Feier nach einer Kneipen-Ralley im Fiasko.

Fiasko

Werfen wir für unser nächstes Ziel erneut einen Blick auf unseren Stadtteil-Plan: Ganz zuoberst kündigt sich in diesem Flyer das Fiasko als Kneipe am Rande der Altstadt an. Um einen Abstecher zum Fiasko-Wirt Heinz Filthaut zu machen, verlassen wir das übliche Carré der Altstadt und gehen in die Straße Am Johanneskreutz, unweit der Kölnstraße.

Hinter der Theke hatte Heinz Filthaut stets ein Credo: „Ich bin lieb, nett und freundlich,

Heinz Filthaut als glücklicher Wirt in seinem Fiasko.

aber ebenso arrogant. Das kann ich gut." Er wundert sich selbst darüber, dass er damit niemanden aus seinem Fiasko vergrault hat. Im Gegenteil, die Gäste schienen sich wohl genau deswegen um ihn gedrängt zu haben. „Wenn ich einen so richtig in der Mangel hatte, dann freuten sich die anderen zehn an der Theke, dass es sie nicht getroffen hatte. Und derjenige, der es abbekam, zog den Kopf ein und hoffte, dass es beim nächsten Mal jemand anderen trifft und er mitlachen kann", erklärt Heinz sein Thekenprinzip. Bald sagte man Heinz auf Kölsch nach: „Dä schwad jän", was so viel heißt wie „der quatscht gerne". Und dem konnte er neun Jahre lang in seiner Kneipe frönen.

Heinz nahm die Laufbahn vieler Bonner Wirte: Zum Studium ging es nach Bonn, wo man das Innere der Kneipen den Hörsälen vorzog. Bis ins 23. Semester hat Heinz Chemie in Bonn studiert, dann gab er es schließlich auf. „Es war ein vollkommen stressfreies Leben, ich hatte viel Zeit, kannte jeden Biergarten in Bonn und habe – wie man das als Student machte, wenn man Geld brauchte – angefangen in Kneipen zu jobben." Er begann als Türsteher im „Bonnbons", machte als Thekenkraft weiter und kam über Umwege zur eigenen Kneipe. Er und sein Geschäftspartner ergatterten eine Förderung und ein Angebot der Kurfürsten-Brauerei, das Lokal, nur wenige Schritte von der Kölnstraße entfernt am Johanniskreuz 2–4, zu übernehmen. Es war ein kleiner Laden mit zehn Plätzen an der Theke und fünf kleinen, runden Tischen – aber mit Terrasse und da war im Sommer viel los.

Von der Terrasse auf die Hochzeitsfeier

Eine Feier, die auf der Terrasse begann, wird Heinz wohl nie vergessen können: den 60. Geburtstag eines Stammgastes. „Dieser Abend ist für einige derart aus dem Ruder gelaufen", sagt Heinz heute und schüttelt ungläubig, aber amüsiert den Kopf. Zunächst machten die Gäste wohl im Fiasko dem Namen der Kneipe alle Ehre.

Als um 1 Uhr geschlossen werden musste, wollten Heinz und eine kleine Gruppe noch

Der Beginn eines legendären Abends. Eine Stammkundin feiert ihren 60. Geburtstag im Fiasko.

lange nicht aufhören zu feiern. Also platzten sie in eine Hochzeit hinein und machten weiter. Damit nicht genug: Um 5 Uhr machten die Beueler Markthallen auf, wo sich die Feierwütigen Essen und natürlich weitere Getränke holen konnten. Doch was nun? Aufhören? Kam nicht infrage! Heinz zückte um 8 Uhr morgens den Schlüssel seiner Kneipe. Er stellte die Tische und Stühle auf die Terrasse, darauf einige Flaschen Sekt und das kleine Trüppchen machte trotz Tageslicht weiter.

Ein Ende fand die Feierei erst am Abend in einem griechischen Restaurant, wo Heinz schließlich am Tisch einschlummerte, nachdem er 36 Stunden auf den Beinen gewesen war. Doch das war nichts Ungewöhnliches. Schließlich waren Bänke und Stühle im Fiasko regelmäßig das Bett von ermüdeten Gästen. Doch dafür musste man einen festen Schlaf mitbringen, denn eigentlich war immer genug los, was die Augen offen hielt. So zum Beispiel eine Wette der besonderen Art, die Heinz mit seinem Stammgast Bernd abschloss. Groß kündigte er seinen Gästen den Wettkampf „Kölsch gegen Pizza“ an und lockte damit genügend Schaulustige an, die das Kräftemessen zweier hartgesottener Mägen beobachten konnten. Für jede Pizza, die Heinz verdrückte, musste Bernd vier Kölsch trinken. Wer nicht mehr kann, verliert. „Tja, was soll ich sagen? Nach fünf Pizzen habe ich aufgegeben und Bernd hat sein 21. Kölsch noch getrunken und gewonnen“, gibt Heinz seine Niederlage zu. Das Kölsch kostete damals 1,30 DM – wie es in der handgeschriebenen Karte des Fiasko zu lesen ist.

Pils statt Kölsch?

Mit seinen massenhaften Kölsch-Vorräten konnte der Wirt längst nicht jeden beglücken. Das Johanniskreuz, an dem das Fiasko lag, war eine Straße, in deren Nähe eines Tages die Demo der IG-Metall entlangzog. Plötzlich war Heinz’ Kneipe voll mit den Streikenden aus dem Ruhrgebiet, die, wie sie es gewohnt waren, Pils bestellten. Davon hatte Heinz aber nur einen kleinen Vorrat, der bald verkauft war. Das Angebot, auf Kölsch umzusteigen, lehnten die Streikenden entschieden ab, zahlten und gingen. Das konnte Heinz nicht auf sich sitzen lassen. Als er erfuhr, dass vier Wochen später die IG-Metall wieder in Bonn demonstrieren werde, wappnete er sich also mit massenhaft Pils von der Kurfürsten-Brauerei. Zu früh gefreut: Am Streiktag musste er feststellen, dass die Streikroute geändert wurde und kein einziger Gast aus dem Ruhrgebiet zu erwarten war. Jetzt saß er auf dem Pils der Kurfürstenbrauerei, von dem er wusste, dass es unter den Bonnern keinen besonderen Ruf hatte. Doch wo kein Kläger, da kein Richter, dachte sich der Wirt und überlegte sich einen Trick.

Eine Stammgruppe seiner Kneipe kam jeden Tag am Nachmittag vorbei und bestellte ausschließlich in Runden. Dabei bestellten die Stammgäste immer mal wieder jeweils ein Kölsch für Heinz und seinen Mitarbeiter mit. Es kam also der Zeitpunkt, da die nächste Runde bestellt wurde, und Heinz sagte ihnen, er und sein Mitarbeiter würden diesmal statt Kölsch Pils nehmen. Pils?, wunderten sich die Stammgäste fassungslos. Warum denn das? Auf die unter der Hand geäußerte Mitteilung,

Heinz Filthaut steht auf dem Tresen und verlost Preise.

Prost: Zu Karneval trinkt Heinz Filthaut roten Schnaps namens Dracula aus dem Reagenzglas.

er habe im Keller gutes Bitburger stehen und habe Lust drauf, ließen sich die Stammgäste dazu verleiten, eine ganze Runde Pils für alle zu bestellen. Bitburger hatte unter Biertrinkern einen ausgezeichneten Ruf. Im Glauben sie tränken es wirklich, lobten die Stammgäste ihr Getränk in den Himmel und ließen sich viele weitere Runden schmecken, sodass Heinz seinen Vorrat Kurfürsten-Pils bald los war.

Das Bonnbons

Wer nach der Sperrstunde um 1 Uhr noch nicht genug hatte, fand im **Bonnbons** Zuflucht und Getränke, denn hier ging der Kneipenabend bis 3 Uhr morgens weiter. Das lag daran, dass das Gebäude der Kneipe in der Heerstraße zur Kurfürstenbrauerei gehörte, die ein paar Häuser weiter ihr Firmengelände hatte. So galt die Heimat des Bonnbons als Gewerbe- und nicht als Wohngebiet, sodass weiter gezecht werden konnte, während in den restlichen Kneipen der Altstadt offiziell so langsam die Lichter ausgingen und die Zapfhähne zugedreht wurden.

Im Bonnbons ging der Abend weiter, wenn andere Kneipen schon schließen mussten.

Das Bonnbons wurde 1972 von Heinz-Dieter Ehrich (genannt Heidi) und seiner Frau Andrea eröffnet und bis 2000 betrieben. Erinnerungen an den Ort, den die beiden geschaffen haben, findet man heute bei ihren Stammgästen und Thekenkräften. Als Heinz Filthaut in den 70ern für sein Studium nach Bonn zog, fand er bald im Bonnbons sein zweites Wohnzimmer und genügend Ablenkung von der Uni. Jeden Tag traf er sich dort mit mindestens zehn Mann seiner Clique, die aus rund 20 Freunden bestand, welche sich alle in der Kneipe kennengelernt hatten. Begonnen wurde der gemeinsame Abend um 18 Uhr und meist bis 1 Uhr weitergeführt – und das jeden Tag, egal, ob man am nächsten Morgen arbeiten oder studieren musste. 1978 bis 1980 jobbte Filthaut in seinem „Wohnzimmer", erst als Türsteher, dann als Thekenkraft. Gerne nutzte er die Gelegenheit, zu Personalkosten zu trinken – und wie es unzählige Biere so mit sich bringen, entstand dabei so mancher Blödsinn.

Blödsinn und Party waren Teil des Bonnbons.

„Das Chaos war egal“

„Eines Abends hat ein Freund beherzt über die Theke gegriffen, ein Glas mit dem Spülwasser befüllt und einen anderen damit vollgespritzt. Daraus entstand dann eine regelrechte Wasserschlacht. Am Ende waren wir alle bis zur Unterhose triefend nass und der gesamte Laden schwamm“, erinnert sich Heinz. Eine Rüge mussten die Stammgäste und Mitarbeiter nicht befürchten. Das Chaos war „völlig egal“, sagt Heinz. Einmal wurde das Bonnbons kurzerhand zum Friseursalon umfunktioniert. Heinz trug damals Bart und ließ diesen einfach mal wachsen. Als er ihm bis zur Brust reichte, konnte eine Kundin am Tresen nicht an sich halten und sagte: „Dein Bart sieht grauenhaft aus. Wollen wir den nicht mal schneiden?“ Zuerst wollte Heinz keine Schere an seinen inzwischen seit einem Jahr wild gewachsenen Bart lassen, aber als sich herausstellte, dass seine Kritikerin Friseurin war, willigte er ein. „Aber dann in der Kneipe“, forderte er. Und so geschah es.

Ein langer Schlauch, an der langen Wand eine Theke, große und kleine Röhrenfernseher, viel Holz und Spielautomaten: Im Bonnbons hatte sich die Einrichtung über lange Zeit kaum verändert. Martin Linder, der ab 1991 im Bonnbons hinter der Theke stand, erklärt die Philosophie einer guten Kultkneipe: „Sie lebt davon, dass nur Kleinigkeiten verändert werden, die Linie aber bestehen bleibt. Wenn

Martin Linder war viele Jahre Barkeeper im Bonnbons.

Stammgäste auch nach langer Zeit wiederkommen, müssen sie die Kneipe direkt wiedererkennen. Und dennoch müssen die Gäste sehen, dass sich im Laden etwas bewegt, damit es nicht langweilig wird." Der Inhaber Heidi Ehrich brachte viele kreative Ideen gegen Langeweile mit, erinnert sich Linder an seinen früheren Chef. „Er war sehr rege und bestrebt, ständig etwas zu machen. Manchmal war er auch übereifrig und einfach nur kreativ um der Kreativität willen. Das hieß, dass eine genervte Mannschaft umsetzen musste, was er wollte." Einmal habe Heidi es zustande gebracht, in der Kneipe zu grillen.

Montag und Donnerstag

Heidis Ideenreichtum zeigte Erfolge: Der für Kneipen eigentlich umsatzschwache Montag entwickelte sich zu einem regelrechten Partyabend, der für die Mitarbeiter als besonders stressige Schicht galt. Schuld daran war der Altstädter Aktions-Montag, der das Publikum mit Sonderangeboten lockte – im Bonnbons meist Schnäpse für eine Mark. „Das führte natürlich dazu, dass eine Menge Gäste relativ schnell sehr betrunken waren", erzählt Martin, der seit mehr als 25 Jahren die Kneipe Zone am Anfang der Altstadt betreibt. Das Studium, das ihn damals nach seinem Zivildienst nach Bonn geholt hat, hat Linder nicht abgeschlossen. Er ist stattdessen im Kneipengetümmel geblieben. Das bestand im Bonnbons aus einer Mischung „aus sehr jungen Gästen bis hin zu alten Säcken", wie es Linder beschreibt. Meistens lösten sich die verschiedenen Altersgruppen mit der fortschreitenden Uhrzeit ab. Und wenn es einem Gast nicht passte, dass Schüler in die Kneipe kamen, so war das eine meist nicht ernst zu nehmende Kritik: Linder erinnert sich an einen Gast, der meckerte, das Bonnbons habe sich in einen Kinderladen verwandelt. „Als ich damals hierhergekommen bin, war das anders", sagte der Gast. Martin Linder fragte den Kritiker gelassen, wie alt er denn sei. Und siehe da, derjenige der sich über das junge Publikum beschwerte, war selbst erst 19 Jahre alt.

Martin Linder vor dem Röhrenfernseher, der fest zur Einrichtung des Bonnbons gehörte.

Viel größere Schwierigkeiten bereitete den Mitarbeitern ein Stammtisch des Bonnbons, der vom Chef persönlich ins Leben gerufen wurde. Jeden Donnerstag spielte Heidi mit drei bis vier Freunden Karten – Doppelkopf oder Skat mit Geldeinsätzen. Das erhitzte natürlich die Gemüter und damit die Stimmung. Da es der persönliche Stammtisch des Chefs war, mussten die Mitarbeiter mit den Getränkebestellungen der Kartenspieler zügig hinterherkommen, um sich keinen dummen Spruch anhören zu müssen. Neben dem Montag galt allein wegen des Stammtisches der Donnerstag als Stressschicht im Bonnbons. Und das Wochenende hatte noch gar nicht begonnen.

Ein Schlenker durch die Innenstadt

Nach einer kurzen Nacht mit wenig Schlaf schleppten sich einige Studenten am nächsten Tag in die Universität im Zentrum der Bonner Innenstadt. Wir folgen ihnen und merken bald, dass es viele mit dem Studieren nicht so ernst nahmen. Aus welchen persönlichen Gründen auch immer – sei es mangelnde Konzentration, mangelndes Interesse oder wachsende Trinkfreudigkeit – spätestens nach der ersten Vorlesung findet man sie gar nicht mehr in den Hörsälen. Doch wir müssen nicht lange nach ihnen suchen. Direkt an den gelben Mauern des Uni-Schlosses zieht die gelb-blaue Fassade des Zebulon die Aufmerksamkeit auf sich.

Sobald wir die Tür öffnen, finden wir uns in einer Heerschar von Studenten wieder, die die Kneipe als Zufluchtsort nach, vor oder auch während ihren Vorlesungen nutzen.

Êine Postkarte des Zebulon.

Zebulon

Erst viel später fanden Wolfgang Koll (Kolli) und Bert Jakwerth heraus, dass die Bierwagenfahrer nach der Eröffnung ihrer Kneipe Wetten darüber abgeschlossen hatten, wie lange sich das Zebulon halten würde. Manche tippten auf drei Monate, manche auf ein Jahr – alle haben sie verloren. Das Zebulon, das die beiden Männer am 16. März 1984 eröffneten, gibt es bis heute. Warum gingen die Bierwagenfahrer überhaupt davon aus, dass das Zebulon bald nach seiner Eröffnung Geschichte sein würde? Es muss am recht unkonventionellen Umbau des Lokals gelegen haben, für den die damals gerade mal Mitte 20 Jahre alten Männer verantwortlich waren. In den 70er-Jahren hieß das Lokal an der Stockenstraße 19 „Cottage". Dann wurde es von der Linzer Steffens-Brauerei 1983 für

Die Gründer des Zebulon Wolfgang Koll (rechts) und Bert Jakwerth.

Bert Jakwerth am Zapfhahn.

180.000 DM mit neuem Brauhaus-Inventar ausgestattet und in „Steffi am Stockentor" umgetauft. 1984 las Kolli in einer Anzeige des General Anzeigers, dass das gerade erneuerte Lokal zu verpachten sei. Kolli und Bert waren bereit, eine ziemlich hohe Pacht zu zahlen und die Nähe zur Bonner Uni auszunutzen. Aber mit ihrer ersten Amtshandlung als neue Lokalbetreiber schockierten sie die Brauerei und trieben ihnen Tränen in die Augen: Sie schmissen die gesamte neue und teure Ausstattung wieder raus und holten stattdessen ein paar alte Sofas und Sessel aus dem Second-Hand-Laden. „Die Bierwagenfahrer dachten, wir seien verrückt", sagt Kolli.

Ein trinkfreudiges Publikum

Genau diese Verrücktheit war vielleicht das Rezept zum Erfolg der Kneipe mit der blau-gelben Fassade, die bald zum Innenstadt-Treff Nummer eins avancierte – vor allem die Geografiestudenten, die damals im Hauptgebäude der Uni untergebracht waren, bevölkerten das Zebulon und waren laut Kolli ein trinkfreudiges Publikum. „Zur ersten Vorlesung am Tag gingen noch einige von ihnen hin. Danach kamen sie ins Zebulon und tranken Kaffee und viele auch schon Bier. Manche Professoren gingen sogar dazu über, ihre Vorlesungen im Zebulon zu halten, weil sie hier mehr Studenten antrafen als im Hörsaal", beschreibt Thomas Schneider das Treiben. Schneider war schon Gast und Barkeeper im Lokal am Stockentor, bevor es das Zebulon wurde. Er war

22 Jahre alt, als Kolli und Bert es übernahmen und es ihm sozusagen wegschnappten, da er selbst überlegt hatte, die Kneipe zu pachten.

„Doch heute bin ich froh, dass es nicht so gekommen ist. Sonst wäre das Zebulon nicht zu dem geworden, was es heute ist", sagt Schneider. Er blieb im Zebulon Barkeeper und seit September 2020 ist er Inhaber der Kneipe. Heute könne man sich kaum mehr vorstellen, was vormittags im Zebulon los gewesen war, sagen er und Kolli. „Wir haben das Geschirr körbeweise in die Küche geschleppt. Die Tassen und Untertassen haben wir in Türmen vorbereitet, damit wir nur noch einschütten und bedienen mussten", so Thomas Schneider.

Wetten dass?

Zu jedem Geburtstag der Kneipe rief das Zebulon eine Aktionswoche aus und dafür dachten sich die Betreiber wie Mitarbeiter einige verrückte Wetten aus. Wer schafft in fünf Minuten die meisten Meter auf einem Trimm-Dich-Rad? Wer erkennt Getränke im Blind-Test? Wer schickt die verrückteste Postkarte? Einige Ergebnisse dieser letzten Wette hängen nach wie vor im Zebulon. So wie der Versuch von Thomas Schneider, zu gewinnen: Er nahm einen Fahnenwimpel aus Stoff, schrieb mit Kugelschreiber die Adresse des Zebulon drauf und tackerte eine Briefmarke an. Der Wimpel wurde tatsächlich zugestellt.

Beim Wettbewerb um die verrückteste Postkarte gewann der Fahnenwimpel mit angetackerter Briefmarke, der tatsächlich ankam.

Wolfgang Koll (rechts) und Thomas Schneider werten einen weiteren Wettbewerb aus.

Wetten fanden aber auch außerhalb der Aktionswochen statt. So gab beispielsweise ein LKW-Fahrer damit an, nach 30 Kölsch noch 100 Kniebeugen machen zu können. Gesagt, getan, nach dem Genuss des Bieres begann er neben dem Tresen mit seinen Sportübungen. Wesentlich härter war die Aufgabe eines anderen Gastes: Die Wette begann mit einem Gespräch zweier Stammgäste. „Einer davon, ein Geschäftsmann, hatte jede Menge Geld und ließ auch immer jede Menge davon bei uns. Er und ein anderer Gast kamen darauf, dass Tequilla in zu hohen Mengen blind machen würde. Das musste getestet werden. Der Geschäftsmann bot seinem Gesprächspartner an, dass er ihm einen Fernseher kaufen würde, wenn er es schaffe, noch Grün von Rot an der nahe gelegenen Fußgängerampel zu unterscheiden und diese zu überqueren, wenn er zuvor eine ganze Flasche Tequilla austrinkt", berichtet Kolli. Eine Flasche Tequilla, das sind 33 Schnaps-Gläser. Die letzten Gläser gingen natürlich nicht mehr ganz so leicht die Kehle runter, weiß Kolli. Aber der Gast trank wacker weiter, schleppte sich mit größter Mühe zur Ampel und überquerte sie bei Grün. Glücklicherweise machte ihn der Tequilla nicht blind, denn so konnte er seinen Wettgewinn genießen.

Ein bunter Haufen

Als das Zebulon eröffnete, gab es in der Umgebung keine Gastronomie. „Das war tagsüber natürlich ein Vorteil, weil die Studenten und Menschen, die in der Stadt unterwegs waren, zu uns kamen. Abends und zu Karneval war es ein Nachteil, weil man dann eher in die Altstadt oder Südstadt ging, wo die Kneipendichte viel höher war", sagt Kolli. Der Umzug des Geographischen Instituts nach Poppelsdorf war ein herber Verlust für das Zebulon, zumal keine neuen Studenten einzogen, sondern die Geo-Hörsäle zu Büros für die Verwaltungsangestellten umgebaut wurden. „Nicht unbedingt unser Publikum, obwohl man in kaum einer anderen Bonner Kneipe solch einen bunten Haufen an Stammgästen wie im Zebulon finden wird", so Kolli. Den Begriff „bunter Haufen" können Kolli und Thomas mit Beispielen belegen: So stand etwa eines Tages der Gitarrist der britischen Heavy-Metal-Gruppe Iron Maidon am Tresen, der aufgrund eines Auftritts bei Rock am Ring in einem Bonner Hotel in der Nähe des Zebulons untergebracht war. Ebenso verirrte sich einmal der britische Musiker der Rockband The Sweet, Andy Scott, ins Zebulon. Der reiche Geschäftsmann, der die Wette um den Fernseher abgeschlossen hatte, verursachte zudem eine skurrile Warteschlange vor dem Zebulon. Jedes Mal, wenn ein Rosenverkäufer die Bar betrat, kaufte der Stammgast ihm direkt den ganzen Strauß ab und verteilte ihn an die Gäste. Das sprach sich unter den Rosenverkäufern herum und bald kamen sie alle zum Zebulon. Sie stellten sich brav in eine Reihe. Einer trat ein, verkaufte seinen Strauß, kam wieder raus und der nächste betrat die Kneipe.

„Gerade die treuen Stammgäste sind es, die dafür sorgen, dass das Zebulon sich immer erfolgreich gegen die anderen gastronomischen Mitbewerber behaupten konnte, die nach und nach in das Viertel zogen", so Kolli. Im Gegensatz zum Zebulon konnten die Mitbewerber den Gästen eine Außenterrasse und Küche anbieten. Das führte dazu, dass die Zebulon-Mitarbeiter wohl die einzigen Menschen in Bonn waren, die im Sommer auf kräftigen Regen hofften. Sobald ein Schauer herunterkam, flüchteten die Sonnenanbeter, die zuvor auf der nahe gelegenen Hofgartenwiese oder am Alten Zoll gesessen und Bier getrunken hatten, ins Zebulon. Außerdem profitierte die Kneipe von den Demonstrationen. Die Belegschaft stellte einen Bierstand in den Hofgarten und versorgte die erhitzten Gemüter mit kühlen Getränken.

Seit 1994 betreiben Kolli und Bert gemeinsam mit Juppi Schnorbus die Endenicher Harmonie, von der wir an anderer Stelle hören werden.

Das Zebulon von innen.

Revolutionen mit Schmalzbrot und Sägen

Die Schumann-Klause

Was der Schuppen für die Altstadt war, das war die **Schumann-Klause** für die Südstadt – und doch ganz anders und einzigartig. Die Schumann-Klause war ein Ort für Linke, für Jungpolitiker, für Strukturen-Ablehnende, für Studenten, für Journalisten, für Weltveränderer und Revolutionäre. Sie war die Szene-Kneipe in der Südstadt, in der Demonstrationen geplant wurden, in der Deutschlands beliebtester Nachrichtenmann, Ulrich Wickert, auf dem Tresen getanzt haben soll, die Mittelrheinische Flippermeisterschaft entstanden ist und der Geist der 68er die Gespräche und Gemüter durchzuckte. Und sie war der erste gastronomische Schritt von Friedl Drautzburg, der allein in Bonn 13 Lokale eröffnet hat und gemeinsam mit Harald Grunert mit der Ständigen Vertretung (STÄV) das Rheinland in der neuen Bundeshauptstadt Berlin vertrat.

Die Schumann-Klause war die Szene-Kneipe in der Südstadt.

Willkommen am Tresen der Schumann-Klause.

Beginnen wir ganz von vorne, bei einem Abend der Soldaten Wolfram Schmuck und Wulf Doerk, die Ende 1966 auf Wochenendurlaub in ihrer Heimat Bonn waren. Ihr Streifzug und der Beginn der Schumann-Klause wird in dem Buch „Die Schumann-Klause – Das Buch zur Kneipe", das Wulf Doerk im Eigenverlag herausgebracht hat, näher beschrieben. Wolfram und Wulf durchstreiften demnach die Bonner Südstadt nach einer neuen Stammkneipe: „Sie prüften das 46, das Treppchen, den Treffpunkt, das Tucher-Eck und viele andere ... und fanden schließlich, wonach sie die Südstadt durchkämmten: die Schumann-Klause", schreibt Helmut Lölhöffel in dem Buch. Zu der Zeit gehörte die Kneipe Ebbi Stunck, die gutbürgerliche Küche auf der Speisekarte führte und ihre Tische rot deckte. Die beiden Entdecker der Schumann-Klause brachten ein jüngeres Publikum an den Tresen. Die bisherigen Gäste, eher „biedere Bürger", suchten sich nach und nach andere Stammlokale. Mit dem Gefolge von Wolfram und Wulf kehrten die revolutionären Diskussionen „über den voraussichtlichen Zeitpunkt des unvermeidlichen Ausbruchs der Weltrevolution" in die Kneipe an der Weberstraße 43 (Ecke Schumannstraße) ein, wie es im Erinnerungsbuch heißt.

Der neue Gästekult war nicht zu stoppen – auch nicht von den neuen Besitzern Hermann und Gisela Schäfer, die das Niveau des Lokals heben wollten – unter anderem mit weißen Tischdecken. Johannes Hack wohnte damals als Student direkt gegenüber der Schuhmann-Klause und fing an, beim Ehepaar Schäfer zu arbeiten. „Die beiden haben versucht, Whiskey zu verkaufen, obwohl den keiner trinken wollte. Außerdem haben sie Spielchen einführen wollen – etwa ein Fünfmarkstück mit dem Mund aus dem Spülbecken zu holen", erinnert er sich. Nach zwei Jahren hatte das Ehepaar Schäfer aber genug von der Klause und machte den Weg für den damaligen Stammgast Friedl Drautzburg frei, der in einer Wohngemeinschaft in der Hausdorffstraße wohnte. Seine Mitbewohner verblüffte er eines Tages mit dem folgenschweren Satz: „Ich könnte die Klause kaufen. Was haltet ihr davon?"

Die Umsetzung ließ nicht lange auf sich warten: 1971 erwarben Friedel Drautzburg, Wiltrud Gohlke und Josef Klar die Kneipe und eine neue Ära begann.

Wulf Doerk: erst Gast, dann Wirt der Schumann-Klause.

Die Stammgäste brachten ihren Nachwuchs mit.

Eine neue Ära beginnt

1968 kam die 18-jährige Carola Eck-Philipp als Studentin nach Bonn. Ihr tat sich eine neue Welt auf. Ursprünglich fand sich das spätere Publikum der Klause im **Club 46** in der Kaiserstraße 46 zusammen, wo heute ein Buchladen zu finden ist. „Es war das Gegenteil des Elternhauses – witzig, radikal, ohne Regeln, alles, was ich als Beamtenkind nicht kannte. Meine Eltern waren entsetzt, dass ich mich in diesen Kreisen bewegte", erzählt Eck-Philipp. Schon im Club 46 hatte sich die linke Szene breit gemacht – mit viel Alkohol, Haschisch und politischen Gesprächen. Der Club 46 bestand aus zwei Räumen, die „nicht besonders eingerichtet waren, aber das war auch nicht wichtig", erzählt die Bonnerin aus ihrer Erinnerung. „Unten wurde gezockt und oben gekifft", beschreibt Johannes Hack den Club, der vor der Klause sein Stammlokal war. Man kam wegen der Leute, die einem vertraut waren. Mit der Übernahme der Schumann-Klause durch Friedel Drautzburg und seinen Kollegen zogen die Gäste alle in die Klause um. Die Wände der Schumann-Klause waren geschmückt mit politisch-satirischen Plakaten von Klaus Staeck. Eck-Philipp: „Zentral war auch der Flipper, an dem jährlich Meisterschaften ausgetragen wurden. Am Gewinner war die Frauenwelt dann immer sehr interessiert."

Am Flipper wurden Meisterschaften ausgetragen und Titel errungen.

Tierische Stammgäste

Die Gäste kamen aus unterschiedlichsten Fakultäten – meist aber aus den Geisteswissenschaften. Laut Carola Eck-Philipp gab es zwei Schichten: die Gäste, die um 17 Uhr kamen, und jene, die um 20 Uhr auftauchten. Und es entstand eine Teilung: „Es gab diejenigen, die immer vorne am Tresen standen, und diejenigen, die hinten an den Tischen saßen. Die eine Gruppe hat von der anderen kaum etwas mitbekommen.“ Carola Eck-Philipp gehörte zur Tresen-Gruppe und mit ihr Hund Pivo, der ebenfalls Stammgast war. Er bewachte, meistens unangeleint, die offene Tür und büxte – freiheitsliebend wie das Publikum der Schumann-Klausen nun mal war – das ein oder andere mal aus. „Wenn Pivo einen der Barkeeper nervte, dann setzte er den Hund auf ein hohes Podest am Eingang der Klause,

Hund Pivo kannte jeder Stammgast. Seine Besitzerin war Carola Eck-Philipp.

In der Klause herrschte dichtes Gedränge – und das zu jeder Uhrzeit.

wo Pivo nicht mehr hinunterkam. Als dann an einem Tag ein ziemlich groß gewachsener Stammgast die Klause betrat, nutzte Pivo die Gelegenheit, sprang auf seine Schultern und von dort aus wieder auf den sicheren Boden. Der Stammgast hätte beinahe einen Herzinfarkt vor Schreck bekommen", erzählt die ehemalige Besucherin der Schumann-Klause.

Mariacron und Schmalzbrote

Offiziell hatte die Klause nur bis 1 Uhr geöffnet – doch das hieß nicht, dass man die Sperrstunde ernst nahm. Die Gäste verließen das Lokal, umrundeten einmal die Litfaßsäule vor der Kneipe und gingen geradewegs wieder hinein. Es wurden einfach die Türen und Fensterläden geschlossen und das weitere Treiben vor den Augen der Polizei verborgen. Und selbst wenn die Polizei kam, so wurde dies eher als spannendes und witziges Ereignis aufgefasst. Wenn die Gäste sich irgendwann mit ihrem Auto auf den Nachhauseweg machten, achtetet niemand auf Promille. „Es passierte nicht selten, dass die Fahrer dabei alle anderen geparkten Autos in der Straße einmal der Reihe nach anditschten", erinnert sich Carola Eck-Philipp.

Aber noch ist es nicht Zeit, zu gehen. Wir bleiben ein bisschen in der Schumann-Klause, in der Johannes Hack bis 1972 gemeinsam mit Wulf Doerk jobbte. Wulf zapfte, Johannes bediente – doch nur, wenn es den Weinbrand Mariacron gab. „Wir haben bei der Arbeit immer Mariacron getrunken. Als an einem Abend keiner mehr da war, haben wir uns geweigert weiterzuarbeiten. Wir haben uns untätig hinter die Theke gesetzt, während Friedl irgendwo eine Flasche Weinbrand auftreiben musste", erzählt Hack. Als er nach seinem Examen nicht mehr als Barkeeper, sondern als Rechtsanwalt arbeitete, blieb er Stammgast in der Klause. Und bekam mit, wie die Kneipe nicht nur ein Tummelplatz für trinkfestes Publikum, sondern auch für Kreative und Journalisten wurde. Sie war ein Raum, in dem zu den Flipper-Meisterschaften die Begleitzeitschrift Tilt herausgegeben wurde, in dem Friedl Drautzburg circa zwei Jahre lang Kunst bekannter Größen ausstellte und Rallyes durch Bonn und das Umland veranstaltet wurden.

Eine Urkunde der Flippermeisterschaften der Klause aus dem Jahr 1978.

Geistige Ergüsse des mit Alkohol getränkten Publikums kann man im Beschwerdebuch der Schumann-Klause nachlesen. Hier finden sich Einträge, bei denen wohl nur der harte Kern der Schumann-Klause weiß, was mit den Anspielungen auf bestimmte Gäste oder Thekenmitarbeiter gemeint ist. Man liest unzählige Beschwerden über den Inhalt der Musik-Box oder die Macht des Wirtes über jene.

Oft ist die Rede von den Schmalzbroten, die in der Schumann-Klause auf der Karte standen. Friedl Drautzburg resümiert heute: „Essen und Trinken verkaufen kann jeder. Aber für den Erfolg einer Kneipe braucht es mehr – das ist entweder der Wirt, die Atmosphäre oder die Küche ... Die Küche kann es in der Schumann-Klause nicht gewesen sein, denn die bestand nur aus Schmalzbroten oder Bohnensuppe." Ums Essen ging es also herzlich wenig, eher um die Atmosphäre und die alkoholischen Getränke. Landeten die Gäste aufgrund Letzterer mal auf der Toilette, war ihr Aufenthalt mit Lektüre an den Wänden begleitet. Hier ein Beispiel der geistigen Ergüsse auf den Toilettenwänden: „Wer andern in die Möse beißt, ist böse meist."

1975 stieg Wulff Doerk in die Klause als Wirt ein.

Grunerts Nachtcafé auf der Kaiserstraße.

1975 stieg Wulff Doerk als Wirt mit in die Klause ein. 1976 begann Friedl Drautzburg neue Lokale zu eröffnen und zog sich aus der Schumann-Klause zurück. Als Drautzburg schließlich endgültig aus der Klause verschwand, wurde Walter Steffens der Partner von Wulff Doerk. Sie führten die Schumann-Klause bis 1984. Sie wurde mit einer großen Party und viel Bedauern geschlossen, nachdem das Haus, in dem die Klause zu Hause war, verkauft worden war. Nach ihrem Ende führten Wirte und Gäste die Tradition der Klause in zwei weiteren Südstadt-Kneipen fort: in der Laterne und im Südbahnhof, beide in der Emekeilstraße.

Harald Grunert eröffnete die erste Neon-Kneipe der Südstadt.

Grunerts Nachtcafé

Bleiben wir erst mal auf der Weberstraße, überqueren wir die Gleise und betreten das Lokal von Harald Grunert, dem späteren Geschäftspartner von Friedel Drautzburg in der Berliner STÄV. Die Bonner Kneipen, die eine Nachtkonzession hatten, konnte man an fünf Fingern abzählen. Die meisten mussten offiziell nach 1 Uhr schließen. Die Nachtschwärmer merkten sich also gut die Adressen, wo man legal bis 5 Uhr weitermachen konnte. Das wusste Harald Grunert, der 1985 sein **Grunerts Nachtcafé** auf der Kaiserstraße (Ecke Weberstraße) eröffnete. Das Lokal, das er übernahm, war eines der wenigen mit einer Nachtkonzession. „Eher ein gutbürgerlicher Laden, mit dunkler Holztheke und gedrechselten Säulen. Dort saßen meist drei Schachspieler bis zum Morgen", erinnert sich Harald Grunert.

Er schmiss die dunkle Einrichtung raus und machte aus dem Laden die erste Neon-Kneipe der Südstadt: alles in weiß, beleuchtet von Neonlicht. Die erste Reaktion der Frauen war: „Das geht ja gar nicht, da sieht man nachts ja meine Falten." Erst gab es die große Skepsis, dann brauchte Grunert aber einen Türsteher, um den Andrang zu regulieren. „Es war der absolute Treffpunkt, eben weil es etwas Neues war. Es war auch die erste Kneipe, in der es Cocktails gab", so Grunert.

Nicht nur das: Bis 5 Uhr morgens gab es italienisches Essen, das für die mit Bier und Schnaps gefüllten Mägen eine Wohltat war. „Das Nachtcafé ist eine Art Sammelbecken für diejenigen, die einfach nicht müde werden oder Hunger haben", liest in einem Zeitungsartikel von 1988. Und: „Das Nachtcafé ist gewiss kein Schickimicki-Treff. Und dennoch hängt ein Hauch von sehen und gesehen werden in der Luft. Man trifft sich eben hier und nimmt den letzten Absacker."

Die Sperrstunde ist angebrochen? Kein Problem: Grunerts Nachtcafé hatte geöffnet und nahm diejenigen auf, die noch nicht genug hatten.

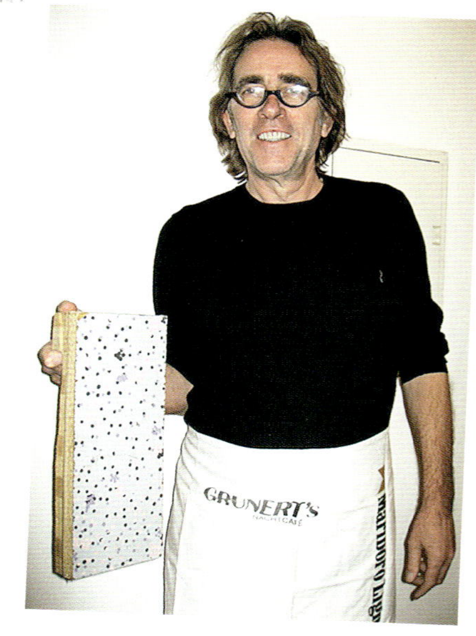

Harald Grunert hält ein Stück des zersägten Tresens in der Hand.

Wir zersägen Grunerts Tresen

Es kamen jede Menge Stammgäste „vom Abgeordneten bis zum Studenten oder Taxifahrer", so Grunert. Die Taxifahrer bekamen vom Wirt kostenlosen Kaffee und steuerten deswegen gerne die Gäste zum Nachtcafé. Und so wird sicher der ein oder andere von ihnen dabei gewesen sein, als die Theke, über die ihr Kaffee geschoben wurde, kürzer und kürzer wurde. Das kam so: 1994 brauchte Grunerts Nachtcafé einen neuen Tresen. Harald Grunert war nie verlegen um Ideen, die Publikum in den Laden ziehen, und dachte sich die Aktion „Wir zersägen Grunerts Theke" aus. Die Einladung hat Grunert heute noch: „Jetzt reicht's! Nach 9 Jahren muss eine neue Theke her. Und die alten Bretter, auf denen sich so manches abspielte, kommen natürlich nicht auf den Müll. Diese Relikte Bonner Nachtlebens werden an Nostalgiker gegen Spende abgegeben. Natürlich will Grunert damit nicht reich werden: Die Spenden gehen in voller Höhe an die Bonner Aids-Hilfe. Welch ein Sägen?!"

Geschrieben, getan – am 27. Juni 1994 wurde eine große Baumsäge angesetzt und jeder, der ein Stück vom Kuchen der Erinnerungen abhaben wollte, zog gemeinsam mit dem

Ein Toilettenschild in Grunerts Nachtcafé weist u. a. auf den Kondom-Automaten hin, der auch auf der Damentoilette hing.

Wirt die Säge über das Tresenbrett. Doch manchmal brauchte es gar nicht solche spektakuläre Aktionen, um auf sich aufmerksam zu machen. Grunert kam als erster Wirt auf die Idee, Kondom-Automaten nicht nur in der Herren – sondern ebenfalls in der Damentoilette aufzuhängen. „Ich weiß noch, dass der Vertreter, der die Automaten beliefert hat, total begeistert war", so Grunert, der sich gut an den verblüfft-freudigen Satz des Vertreters erinnern kann: „Du hast es gemacht, toll!"

Gambrinus und Kontiki

Harald Grunerts Arbeit in der Gastronomie begann in den Elsässer Weinstuben in der Bonner Altstadt, wo er den Inhaber Friedl Drautzburg kennenlernte. Bevor es so weit war, dass Grunert sich selbstständig machte, arbeitete er hinter der Theke des **Gambrinus**, einer weiteren Eröffnung von Fridl Drautzburg in der Bonner Südstadt an der Kaiserstraße. Eine Kneipe, die neben der Gaststätte Provinz an der Adenauer Allee als politischer Treffpunkt für Abgeordnete galt.

1982 wagte Harald Grunert den Schritt in die Selbstständigkeit und übernahm die Kneipe Kontiki in der Bonner Innenstadt (Ecke Münsterstraße/Florentiusgraben). Wie später sein Nachtcafé war das **Kontiki** eine Neon-Kneipe, in der Grunert trotz fehlender Tanzfläche einen DJ Musik auflegen ließ.

Mit dem Neonlicht nahm es Grunert in seinem Kontiki sehr genau. „Die Namenswerbung der Kneipen waren immer Schilder mit weißem Grund. Doch das wollte ich nicht. Ich wollte Kontiki als Neonschrift haben. Doch die Brauerei weigerte sich, das zu finanzieren. Also musste ich es selbst machen. Das kostete mich damals über 1000 DM", erzählt Grunert. Seit mehreren Jahrzehnten ist er nun schon Wirt und hat insgesamt 14 Lokale eröffnet.

Friedl Drautzburg (rechts) vor seinem Gambrinus.

Grunerts Nachtcafé schloss 1995.

Die ständige Vertretung

Zu den Kneipen gehörte das Haus Daufenbach in der Bonner Brüdergasse. Als feststand, dass Berlin die neue Bundeshauptstadt wird, stellte ein Stammtisch von Journalisten die beiden Wirte Drautzburg und Grunert im Haus Daufenbach zur Rede und forderte: „Wenn wir umziehen müssen, dann zieht ihr mit.“ Die Wirte, die wenig begeistert von dem Umzug der Bundeshauptstadt waren, dachten nicht daran und lehnten ab. „Eine Woche später stand ein Artikel in der Tageszeitung mit dem Titel: Unsere Wirte weigern sich, mit uns umzuziehen. Dann standen wir natürlich unter Druck“, erzählt Grunert. Also schauten sich er und Drautzburg in Berlin um und fanden ein Lokal in der Nähe des späteren Regierungsviertels. Sie kamen nach Bonn zurück, trommelten den Journalisten-Stammtisch zusammen und forderten von ihnen Namensvorschläge für die neue Kneipe in Berlin. Über 100 Ideen kamen zusammen – eine wurde ausgewählt: **Die Ständige Vertretung**.

Noch bevor die Bundesregierung so weit war, zogen die beiden Bonner Wirte nach Berlin um und eröffneten ihre rheinische Kneipe weit entfernt vom Rheinland. Sie vertraten die Heimat und ihren Kneipenkult und zogen Massen an Publikum an. Kölsch und Karneval, das sollte es weiterhin für die Politiker, Beamten und Angestellten geben, die nun in Berlin leben mussten. Mit Grunert und Drautzburg kam der erste Karnevalszug nach Berlin und Grunert – der auch noch zum ersten Karnevalsprinzen Berlins gewählt wurde – organisierte ihn fortan für zehn weitere Jahre. Drautzburg und Grunert zogen sich 2017 aus der STÄV zurück, sind aber weiterhin Lizenznehmer des erfolgreichen Konzepts.

Kommen wir zurück nach Bonn und in die Südstadt. Sein Nachtcafé führte Grunert bis 1995. Und war in guter Gesellschaft vieler weiterer Kneipen, die den zentrumsnahen Stadtteil zu einem Szeneviertel für die Nachtschwärmer gemacht haben.

Mit dem STÄV kam das Rheinland nach Berlin.

Die Wirte Harald Grunert (links) und Friedel Drautzburg.

Die Erben der Klause und ihre Nachbarn

Auf der Ermekeilstraße in der Bonner Südstadt musste man nicht lange nach einer Erfrischung für die Kehle und die Seele suchen. Hier reihte sich Kneipe an Kneipe. Schlendern wir vorbei an der Kellerkneipe Kaktus und schauen wir uns die Erben der Schumann-Klause an: Die Gäste der Szene-Kneipe teilten sich fortan auf die Laterne und den Südbahnhof auf. Beide Kneipen befanden sich in unmittelbarer Nähe zueinander in der Mitte der Ermekeilstraße.

Das Treiben in der Schumann-Klause setzte sich auf der Ermekeilstraße fort.

Zeitgeistige Inneinrichtung: Die Laterne.

Am Tresen saß das trinkfeste Publikum, an den Tischen wurde gezockt.

Die Laterne und der Südbahnhof

Die Laterne wurde von dem Ehepaar Peter und Barbara Anders – bekannt unter dem Spitznamen „Die Etschleute“ – und dem ehemaligen Wirt der Schumannklause Wulf Doerk sowie seiner Frau Ulrike übernommen. „Die Laterne war gemäßigter als die Schumann-Klause, hier kamen junge, linksgesinnte Leute und das alte Stammpublikum, Omas und Opas hin“, erklärt Ulrike Schindler-Doerk.

Am Tresen saß das trinkfeste Publikum, an den Tischen wurde Doppelkopf und Backgammon gespielt. Die Clique von Carola Eck-Philipp und Johannes Hack war in der Laterne zu Hause. „Die Etschleute galten als Künstlerpaar. Wenn man ihnen sagte, dass das Kölschglas einen Sprung hat, dann bekam man als Antwort, man solle einfach von der anderen Seite trinken“, erinnert sich Eck-Philipp.

Das Ehepaar Doerk zog sich bald aus der Laterne zurück und stieg in den Hoppegarten im Jagdweg ein. Die Etschleute führten die Laterne weiter – heute gibt es sie allerdings

Ein Wandbild im Südbahnhof, das Walter Steffens hinter dem Tresen zeigt.

Der Südbahnhof heute.

nicht mehr. An ihrer Stelle befindet sich inzwischen ein Restaurant. Aber den **Südbahnhof**, den gibt es noch. Übernommen wurde das Lokal 1985 von Walter Steffens, der vorher Wirt der Schumann-Klause war. Damals hieß es Machold-Stuben und wurde von Steffens in Südbahnhof umbenannt. Er pachtete nicht nur die Kneipe, sondern auch die darüberliegende Wohnung. Steffens hatte kein Interesse, dort einzuziehen und er hatte keine Lust, seine Kneipe zu putzen. Das traf sich: Der damalige Student Helmut Lausberg und seine Freundin bekamen die Wohnung mietfrei und putzten im Gegenzug jeden Morgen die Kneipe von Steffens. „Das war einerseits praktisch, andererseits nicht zu unterschätzen. Die Kneipe hatte jeden Tag im Jahr geöffnet und das hieß für uns auch jeden Tag, jedes Wochenende, jeden Feiertag, morgens um 7 Uhr loslegen", erinnert sich Helmut heute. Er hielt den Deal mit Walter von 1986 bis 1995 ein.

Seine erste Amtshandlung war es meist, die Aschenbecher zu leeren. Große Exemplare, zwei auf jedem Tisch, die nicht nur randvoll waren – nein, die Zigaretten bildeten regelrechte Berge auf den Bechern. „Es wurde gequalmt bis zum Anschlag. Viele Gäste hatten extra Kleidung, die sie für den Südbahnhof anzogen, weil sie genau wussten, wie sehr sie nach dem Besuch stinken würden", erzählen die damaligen wie heutigen Stammgäste des Südbahnhofs, Basko Münster, Lutz Spieckermann und Helmut Lausberg. Auch Kakerlaken fühlten sich in der verqualmten und chaotischen Kneipe wohl. „Hinter dem Tresen war eine Tafel, an der am Abend eine Strichliste geführt wurde, wer wie viele Kakerlaken mit seinem Bierdeckel erwischte", erzählt Lutz. Und Helmut, der am nächsten Morgen putzte, benutzte gleich zwei Bierdeckel und beide Hände, um die restlichen Kakerlaken zu eliminieren, die den Abend überlebt hatten. Zwar musste der Südbahnhof um 1 Uhr zur Sperrstunde schließen, aber ganz in der Tradition der Schumann-Klause nahm man das nicht so ernst. „Es kam häufig vor, dass ich am Morgen um 7 Uhr zum Putzen kam und noch immer Gäste da waren, die Doppelkopf spielten", erinnert sich Helmut.

Geh da bloß nicht hin!

Der Südbahnhof war Stammkneipe des Friedensaktivisten Manfred (Mani) Stenner und Zentrale der Nicaragua-Hilfe, deren Mitbegründer der Wirt Walter Steffens war, der fortan den Spitznamen „Commandante Cerveza" innehatte. Der Südbahnhof war Stärkungsort für die kneipeneigene Fußballmannschaft, die jeden Samstag mit Bier im Bauch Turniere ausgefochten und danach in ihrem Refugium in der Ermekeilstraße gefeiert hat. Zudem führten die Stammgäste die Flippermeisterschaften auf einem Automaten der ehemaligen Schuhmann-Klause fort. „Der Südbahnhof war genau das, wovor mich meine Mutter gewarnt hat", sagt Basko.

Das wusste nicht nur er, sondern die gesamte Stammkundschaft, die den Satz „Südbahnhof: Geh da bloß nicht hin" bereits als Motto der Kneipe etabliert hatte. Bis heute liest man diesen Spruch auf der Fensterscheibe des Südbahnhofs. Das hielt niemanden ab. Man ging hin und man kümmerte sich um diesen Ort: Im Jahr 2000 rettete die Stammkundschaft ihre Lieblingskneipe vor der Zwangsversteigerung. Walter Steffens geriet in Zahlungsschwierigkeiten und lief Gefahr, das

Wulff Doerk am Flipper in der Schumann-Klause – ein Flipper aus der Klause fand im Südbahnhof seinen Platz. Dort wurden die legendären Flipper-Meisterschaften weitergeführt.

Wohnzimmer der Studenten, Linken und der Nicaragua-Hilfe zu verlieren. 13 Stammgäste fanden sich zusammen – darunter auch Basko Münster – die das Haus gemeinsam kauften. „Alle haben mich davor gewarnt: Mit 13 Leuten, das kann nicht gut gehen. Doch es ist nun schon seit 20 Jahren gut gegangen“, sagt Basko.

Die Fußballmannschaft des Südbahnhofs.

Lutz fasst zusammen, was der Südbahnhof für ihn und viele andere Gäste war und ist: „Ich habe hier so viele Freunde gefunden – ein richtiges Netzwerk, das die Kneipe nach wie vor erhalten hat. Es ist etwas ganz Besonderes, in den Südbahnhof-Zirkel zu gehören." Im Südbahnhof hat sich kaum etwas verändert – außer, dass er weniger schmuddelig ist und man inzwischen die Glasscheiben sehen kann, die vorher von Staub und Qualm verborgen waren. Walter Steffens, der Gründungsvater des Südbahnhofs, Commandante Cerveza, verstarb im Dezember 2005. Die Inhabergemeinschaft des Hauses des Südbahnhof legte Wert darauf, dass die Kneipe so erhalten bleibt, wie sie war, und verpachtet sie. Seit 12 Jahren führt Eugenia „Geenie" Leinweber den Südbahnhof in dieser Tradition weiter.

Weihenstephan-Eck

Gehen wir die Ermekeilstraße bis zu ihrer Mündung in die Argelanderstraße. Wir sind nur wenige Schritt gelaufen, doch gönnen wir uns eine weitere Pause und kehren bei René Konitzer in seinem **Weihenstephan-Eck** ein. Es war eine der wenigen Südstadt-Kneipen, die eine Außenterrasse hatte und damit das Getümmel aus den verrauchten, dunklen und vollen Räumen unter den freien Himmel gebracht hat. René Konitzer übernahm die Kneipe 1979 von einem älteren Ehepaar. Mit 36 Jahren, nach einem Studium der Osteuropäischen Geschichte und Slawistik in Hamburg und nach einem Aufenthalt in der Sowjetunion, zog es René Konitzer zurück in die Heimat: das Rheinland. Und damit er erst

Rene Konitzer vor seinem Weihenstephan-Eck.

Gäste der Schumann-Klause fanden sich später auch im Weihenstephan-Eck ein.

einmal was zu tun hatte, wurde er kurzerhand Wirt. Eigentlich sollte dieses Abenteuer nur ein halbes Jahr dauern, aber es wurden 25 Jahre daraus.

Als er das Weihenstephan-Eck übernahm, war es „mehr als altbacken" eingerichtet, sagt René. „Es wurde von gestandenen Wirtsleuten der alten Schule geführt und dementsprechend sah es auch aus. Das Publikum war gutbürgerlich und aus der Nachbarschaft. Die Gäste kamen regelrecht mit ihren Hausschuhen dort hin und tranken ihr Bier." Mit René Konitzer wurde die Kneipe nicht nur optisch frischer, mit ihm kam immer mehr jüngeres, oft auch links gesinntes Publikum in das Lokal.

In den ersten Jahren öffnete René das Weihenstephan-Eck bereits mittags und da das Verteidigungsministerium direkt gegenüberlag, genossen die Beamten bei ihm ein kühles Bier. „Doch das wurde immer weniger, also habe ich nur noch abends aufgemacht", erinnert sich René. Die spannenden Begegnungen aber blieben. So kam nicht nur studentisches, sondern auch politisches Publikum, etwa die gesamte SPD-Riege der damaligen Bundeshauptstadt oder Gregor Gysi, regelmäßig bei ihm vorbei, erzählt René. Journalisten fühlten sich von Anfang an bei ihm wohl und so sprach sich der neue Anlaufpunkt für Kneipenbummler der Südstadt bald herum. „Ich habe viele interessante Kontakte gehabt, aber auch viele arme Geister gesehen", fasst René zusammen.

Gegenüber dem Weihenstephan-Eck befand sich das Lamme Goedzack.

Gleich im ersten Sommer machte René seine Außenterrasse auf „und die zog unheimlich", erinnert er sich. Machte er seine Kneipe um 17 Uhr auf, so war die Terrasse kurz nach der Öffnung gefüllt und zwar mit bis zu 150 Gästen. Und das, obwohl es im Lamme Goedzack direkt gegenüber auch ein Frischluftangebot gab. Das war nicht etwa Konkurrenz, sondern förderte die Anzahl der Gäste. „Mit dem Wespennest, dem Lamme und dem Apfel waren wir auf der Argelanderstraße ein gutes und eingeschworenes Team, das sich untereinander immer geholfen hat", sagt René, der seine Kneipe bis 2004 führte. Heute befindet sich ein Restaurant im ehemaligen Weihenstephan-Eck.

Au Chateau

Wer in der Südstadt tanzen gehen wollte, steuerte das **Au Chateau** an, das als Gaststätte mit Tanzbereich eingetragen war, sich aber eher als Diskothek verstand. Eröffnet wurde das Lokal in der Argelanderstraße 24 1968 von Helge Klassen, einem jungen Mann mit viel Erfahrung im Nachtleben. Bereits Anfang der 60er eröffnete er mit 19 Jahren den 1600 Club, einen der Auftrittsorte für Bonner Beat-Bands und Fans. Dazu später mehr. Als der Bürgerverein, in dessen Keller sein 1600 Club lag, abgerissen wurde, wollte Klassen nicht etwa seine Laufbahn als Wirt beenden. Und das, obwohl er ja auch seinen Beruf als Speditionskaufmann hatte. Nein, er wollte weiterhin

Das Au Chateau in der Argelanderstraße.

Helge Klassen in seinem Au Chateau.

beides. „Der Club war nicht viel Arbeit und machte Spaß. Mein Chef wusste auch schon Bescheid. So arbeitete ich in der Woche 55 bis 60 Stunden als Speditionskaufmann und abends im eigenen Lokal. Fragen Sie mich nicht, wie ich das geschafft habe", sagt Klassen.

Der Altbau in der Argelanderstraße, in dem Klassen das Au Chateau eröffnete, lag nur wenige Meter vom ehemaligen Bürgerverein entfernt. Die Decken des neuen Clubs hängte Klassen mit rund 60 Zentimeter dickem Lärmschutz ab. Die Fenster wurden zugemauert, damit der Schall schön im Club blieb. An die Wände kam altes Zaumzeug, das Klassen auf Bauernhöfen in der Eifel gesammelt hatte. Ein Tresen, Bänke und kleine Tische fanden sich im vorderen Bereich des Lokals, die Tanzfläche war hinten.

Über 40.000 DM investierte Klassen in den Club. Als er ihn schließlich eröffnen wollte, verweigerte ihm das Ordnungsamt die Konzession für eine Diskothek. „Das war das erste Mal, dass mir die Hose geflattert ist", sagt Klassen heute. Er ließ sich nicht unterkriegen und zog vor Gericht.

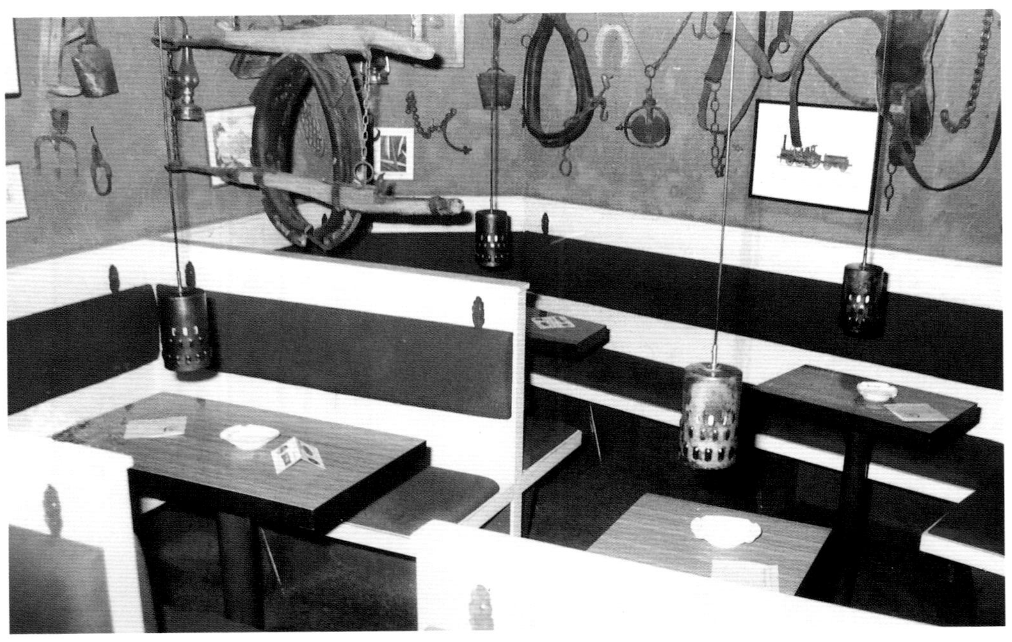

An die Wände des Clubs kam altes Zaumzeug, das der Wirt auf Bauernhöfen in der Eifel gesammelt hatte.

Der Prozess war am 23. Dezember 1968. Helge Klassen gewann und bekam die Erlaubnis am nächsten Tag quasi als Weihnachtsgeschenk. An Heiligabend öffnete er seinen Club zum ersten Mal.

Der Tresenmann

Sobald er die Tür des Clubs aufmachte, war der voll. „Man sah nichts mehr, so voll war er. Die Kellner mussten mit erhobenen Armen

Der Tresen des Au Chateaus.

Die Tresen-Mannschaft des Au Chateaus – Helge Klassen ganz rechts, daneben Max Malsch.

Das Zartbitter heute.

durch die Massen gehen." Einer dieser Kellner war Max Malsch. Mit 26 Jahren fing der damalige Jurastudent im Au Chateau an, arbeitete bald hinter der Theke und blieb von 1969 bis 1984. „Der Laden war dermaßen dunkel und verraucht, dass man sich nur durchtasten konnte. Hinten wurde geknutscht, vorne am Tresen geknobelt", erzählt er. Die jungen Mädels, die die Diskothek besuchten, nannte Malsch „Quietschpüppchen". Durch eine Klappe an der Tür wurden die Ausweise der Quietschpüppchen kontrolliert und Malsch musste so einige von ihnen abweisen, weil sie unter 18 Jahre alt waren. Wenn er aber im Keller ein Fass Bier anschlagen musste, kam es vor, dass die zu jungen Quitschpüppchen reinkamen und sich in der Dunkelheit des Ladens versteckten. Erst wenn Malsch um 1 Uhr – zur Sperrstunde – genug hatte, machte er das Treiben sichtbar. „Wir hatten einen Schalter am Tresen, der eine große, helle Glühbirne im Laden anschaltete. Wir nannten sie ‚Hiroshima, mon amour'. Wenn sie an ging, sah man einfach alles – Schweiß, Rötung, Falten. Und dann ist auch jeder gegangen."

Die Tresen-Männer konnten sich so einiges erlauben. Von dem Spruch „Der Kunde ist König" wollte Malsch nichts wissen. „Hier war kein Gast König, sondern ich war es." Getrunken wurde sowohl vor als auch hinter der Theke – mindestens 10 bis 15 Bier am Abend, das musste der Magen des Tresen-Mannes aushalten. Und der Magen so mancher Gäste wiederum die Eigenkreationen des Barkeepers: „Ein Kegelmannschaft kam regelmäßig zu uns. Wenn die Damen reinkamen – sie hatten vorher schon was getrunken – hielten sie nur die Finger an die Schläfen und ich wusste Bescheid. Ich mischte alle Schnapsreste aus den Flaschen in ein Glas, machte Orangensaft drauf, damit es gesund aussah, und die Damen tranken alles auf einmal aus."

Bis 1989 führte Klassen das Au Chateau in der Südstadt. Trotz Doppelbelastung war er inzwischen als Speditionskaufmann die Karriereleiter nach oben gestiegen. Meist kam er nach Feierabend im Anzug in seinen Club und unterhielt sich mit den Gästen, bevor er sich zurückzog. Eines Abends kam er aus dem Au

Chateau in seine darüber liegende Wohnung und stellte fest: „Das sind ja alles Kinder, die in meinen Club gehen." Er war seinem Publikum entwachsen und so entschieden sich er und seine Frau, aus dem Au Chateau ein Café mit dem Namen Zartbitter zu machen. Und das Zartbitter gibt es nach wie vor als Kneipe in der Südstadt.

Wenn Max Malsch nicht gerade in seiner über dem Au Chateau liegenden Werkswohnung weiterfeierte, ging er nach 1 Uhr zu seinem Kumpel Rudi in die Zwille an der Königstraße (Ecke Bonner Talweg), wo er Bratkartoffeln aß und Lieder von Hans Albers schmetterte. Machte die Zwille um 3 Uhr zu, gingen Max und Rudi weiter in die Kerze. Und auch wir wollen zum Schluss unserer Tour durch die Südstadt hier einkehren.

Zur Kerze

Das Lokal **Zur Kerze** in der Königstraße 25–27 war die Adresse für die Nacht. Ursprünglich war sie ein Ausstellungsraum für Bonner Künstler in der Südstadt. 1951 wurde der Raum zur Kneipe. Emmy, die Frau des Bonner Malers Ernst Meurer, beantragte eine Ausschankkonzession und mach-

Kneipe mit Küche – die Kerze.

Ein Konzert mit Bill Ramsey in der Kerze.

te aus der Galerie einen abendlichen Treffpunkt für die Kunstszene. Ab 1980 übernahm Roland Korndörfer die Kerze und führte sie bis 1998 weiter. Korndörffer betrieb bereits seit 1969 die Diskothek Zamamphas am Bertha-von-Suttner-Platz in Bonn, wo auch Willy Brandt gelegentlich hinkam und sogar einen Wahlsieg feierte.

Kelleratmosphäre

Die Kerze war ein weiterer Erfolg Korndörffers im Bonner Nachtleben. Keine Diskothek, aber eine Kneipe mit Küche. Sie befand sich in miteinander verbundenen Gewölbekellern zweier Häuser auf der Königstraße. Das führte dazu, dass die Kneipe einem Labyrinth glich, erzählt Helge Klassen als ehemaliger Gast der Kerze. „Man musste schon einmal dagewesen sein, um sich zurechtzufinden. Es war dunkel, schummrig und verraucht." Man ging in die Kerze wegen der Kelleratmosphäre und traf dort stets Bekannte, die trotz Sperrstunde auf den Beinen waren. Oft standen die Leute draußen Schlange und kamen gar nicht mehr rein. Da es in der Kerze auch Essen gab, war sie neben einem Zufluchtsort nach der Sperrstunde ein Ort, wo der Magen in frühen Morgenstunden noch oder wieder gefüllt werden konnte. Etwa mit dem Gericht „Spaghetti mit Dreck", wie der Türsteher und gelegentliche Koch der Kerze Spaghetti Bolognese nannte. Carola Eck-Philipp kann sich gut an die Spiegeleier erinnern: „Es gab Gerichte, die nirgends so gut schmeckten wie nach 1 Uhr in der Kerze."

Eines Abends konnten die speisenden Gäste beobachten, wie Erwin Ruckes, „besoffen und bekifft", mit einem Kumpel versuchte, den Flipper zu entführen. Doch wegen der vielen Ecken und Kanten in der Kerze kamen die beiden nicht weit. Der Wirt Roland Korndörffer baute sich bald vor ihnen auf, fragte sie, was das werden solle, und warf sie ohne Flipper aus dem Lokal. Dann eben nicht, mögen sich die beiden gedacht haben, und bald fiel ihnen etwas Neues ein. Erwin Ruckes erzählt: „Als wir aus der Kerze kamen, warteten schon die ersten Werkstätigen auf die Bahn. Auf der Königstraße befand sich wegen einer Baustelle eine mobile Straßenbahnhaltestelle auf Rädern. Die haben wir dann auf die Kurve zum Bonner Talweg mitten auf die Straße geschoben. Die Werkstätigen zogen nun brav mit der Haltestelle um und warteten auf der Straße. Die Straßenbahn hielt tatsächlich dort, um sie einzusammeln." Dieses Bild bringt Ruckes noch heute zum Lachen.

In der Kerze vereinten sich Studenten, Künstler und Politiker. Ein Blick auf die Gästeliste zeigt, dass sich hier Bundestagsabgeordnete ebenso wie Udo Jürgens oder Mike Krüger wohlfühlten. Die Prominenz zog wiederum zahlreiche Taxifahrer an, wie sich Axel Arenz erinnert, der seit 1976 Taxifahrer in Bonn ist. „In der Kerze hat sich nach Mitternacht alles versammelt, was in Bonn noch auf den Beinen war. Wir Taxifahrer sind dort hin, um noch einen Kaffee zu trinken und um jede Menge Fahrten abzugreifen. Ständig war dort ein Politiker, der nach Köln, Siegburg, zum Flughafen oder ins Hotel musste." Und mit dem Nachhauseweg der Gäste beenden wir unseren Streifzug durch die Südstadt. Aber nur kurz – denn im nächsten Kapitel reisen wir weiter in die Vergangenheit, begleitet von Rockmusik, die aus ihr hallt.

Nostalgie pur.

Die Beat-Szene – eine Generation, ein Lebensgefühl

Sie ergriff die gesamte Jugend Bonns und dröhnte bald nicht mehr nur aus den Proberäumen in den Kellern der Elternhäuser, sondern auch aus Kneipen und nahezu allen öffentlichen Räumen, in denen Instrumente und Verstärker Platz fanden: die Beatmusik.

„Permanent hing Musik in der Luft“, erinnert sich der Bonner Klaus Berger, den die Bewegung in den 60er-Jahren mitgerissen hat. Für ihn und viele andere Jugendliche war es die Zeit der ersten Liebe, eingebettet in die Musik der großen Idole wie die Beatles, die Rolling Stones, The Who oder The Kinks. „Wer Musik machte, der machte Beat“, so Berger. „Wir waren damals Schülerbands, teilweise grauenhafte Amateure.“ Jeder wollte einfach nur spielen und das nicht nur in den Probekel-

Die Jugend zog es in die Kneipen, in denen die Beatbands spielten.

Auf einem Konzert der Guards in der Sporthalle Duisdorf.

Die Gruppe Proud Flesh war eine von vielen Bands, die aus der Beat-Bewegung in Bonn entstand.

lern, sondern selbstverständlich vor Publikum. Ein Anliegen, das der Jugend nicht verwehrt wurde. Jens Hoffmeister, der als Schüler in einem Probekeller angefangen hat und mit seiner Band Desperados und später Proud Flesh auf den Bühnen Bonns stand, weiß: „Die Kneipenwirte waren nicht dumm. Sie wussten: Sobald sie eine Beatband bei sich auftreten ließen, kommt auch das Publikum. Sie verdienten sich also das Geld aus dem Getränkeverkauf und die Jugend durfte spielen – meist ohne Gage oder mit einem schwindend geringen Taschengeld. Und so sind durch die Beat-Bewegung viele Kneipen und Lokale richtig bekannt geworden oder erst entstanden."

Klaus Berger hat auf einer Internetseite über die Bonner Beat-Szene mehr als 80 Auftrittsorte zusammengetragen – darunter Kneipen und Gaststätten, in denen vorher Jazz gespielt wurde, Clubs, die während der Beat-Bewegung neu gegründet wurden, und Auftrittsorte wie Gymnasien, Jugendheime oder evangelische Gemeindehäuser, die von den Bands für ihre Auftritte umfunktioniert wurden. Egal wo, die Musik bestimmte die Atmosphäre. Auch wenn die Beat-Bewegung Anfang der 70er-Jahre langsam verebbte, existieren sie und ihre Geschichten weiterhin in den Erinnerungen derer, die damals Jugendliche und junge Erwachsene waren. Einige lassen diese unvergessliche Zeit in diesem Kapitel wieder aufleben.

Das Underground

Die Reise durch die Erinnerungen beginnt nicht im Bonner Zentrum, das für die Beat-Szenen-Schwärmer Tummelplatz schlechthin war, sondern etwas außerhalb, in Muffendorf. Dass der Saal in Bad Godesberg, der weder Tische noch Stühle hatte, einmal weltbekannte Bands wie die Scorpions oder Queen anziehen würde, ahnte Jens Hoffmeister nicht, als er das Underground mit seiner Band Proud Flesh am 4. Oktober 1969 eröffnete. Juppi Schäfer, der selbst aus der Beat-Szene stammte, mietete einen leer stehenden Saal im hinteren Teil des Gasthauses „Zur Post" in der Muffendorfer Straße. **Das Underground** sollte ein Ort sein, in dem die Musik regierte – ganz zum Ärger der Anwohner.

Jens Hoffmeister gehört zu den Pionieren der Bonner Beat-Szene. Seine vorherige Band, die Desperados, waren 1963 eine der ersten, die den Sound der Rolling Stones oder Beatles in die damalige Bundeshauptstadt

Helge Klassen sitzt am Eingang seines 1600 Clubs.

brachten. Er und seine Bandkollegen Hans Georg Rehse, Jonny Jasin und Georg Krause-Wichmann begannen als Schüler im heimischen Keller in Bad Godesberg Musik zu machen. Sie hörten Elvis Presley und imitierten ihn. Das Schlagzeug von Hoffmeister bestand aus alten Persil-Kartons und einem Zinnbecken. Für Auftritte lieh er sich später ein richtiges. Die Desperados gehörten zu den ersten Bands, die im Rainbow Dancing-Club in der heutigen Prinz-Albert-Straße spielten. Mit 19 Jahren eröffnete Helge Klassen 1961 den Club im Keller des Bonner Bürgervereins, der 1965 zum **1600 Club** umbenannt wurde und eine bekannte und wichtige Adresse für Bonner Bands und Beat-Fans wurde.

1600 Club

Der Eingang war eine niedrige Eingangstür. Klaus Berger erinnert sich: „Die steil nach unten führende, ausgetretene Treppe war meistens mit Pärchen besetzt, die innen keinen Sitzplatz mehr gefunden hatten. Wenn man dann im Slalom unten angelangt war, befand sich halbrechts so etwas wie eine Garderobe. An manchen Tagen war sogar jemand da, der die Klamotten angenommen hat, ansonsten hängte jeder seine Sachen selber auf."

Im Innern war wenig Platz: Ein Schlauch, an dessen Ende die Bühne war, zog sich in die Länge. Alte Bierfässer dienten als Tische und tropfende Kerzen als Beleuchtung. An den Längsseiten des Kellerraumes befanden sich Sitzbänke, die Helge Klassen als Hühnerleiter bezeichnet, weil dort die jungen Frauen meist

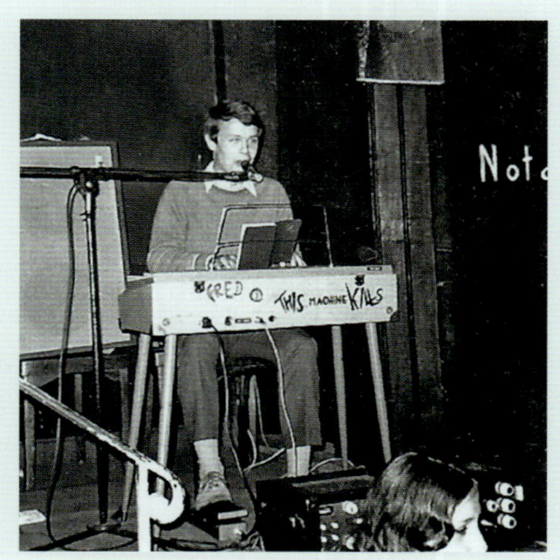

Fred Prünte spielte in den Bands Fates, Proud Flesh und Rats. Hier sieht man ihn am Keyboard im 1600 Club.

wie Hühner auf der Stange auf den nächsten Tanz warteten. Auf der nur fünf Quadratmeter großen Bühne spielten auch Bands aus der amerikanischen Siedlung und brachten neben Beat Reggae mit. „Alle Bands spielten damals für einen Appel und ein Ei. Sie wussten, wenn wir die Türen vom Club aufmachen, dann strömt auch das Publikum rein", erinnert sich Helge Klassen.

Doch nicht nur das. Regelmäßig kam das Jugendamt, um die Altersbeschränkung zu kontrollieren. Natürlich waren nicht alle Gäste über 18 Jahre alt. „Das Verbotene hatte so seinen Reiz", kommentiert Klaus Berger und erzählt, dass von draußen gewarnt wurde, wenn die Kontrolleure im Anmarsch waren. Etliche Besucher verschwanden daraufhin umgehend in Richtung Tiefkeller, wo die Bierkästen lagerten. Zur Sperrstunde ertönte über die Anlage der Radetzky-Marsch und die gnadenlose Neon-Deckenbeleuchtung wurde eingeschaltet, erzählt Berger. Das sollte wohl all die verschlungenen Paare etwas abkühlen, die im Club ein Eckchen für ihre persönlichen Angelegenheiten gefunden hatten.

Die Desperados

Am 21. Januar 1967 spielte mit den Kinks internationale Prominenz im großen Saal des Bonner Bürgervereins. Die Band beherrschte damals die britischen Charts und gehörte zu den großen Idolen der Beat-Szene. Die Desperados spielten als Vorgruppe für die britischen Idole und waren mächtig aufgeregt, wie sich Jens Hoffmeister erinnert.

„Wir hatten kaum technische Mittel, bloß kleine, selbst mitgebrachte Verstärker. Und dann haben wir noch im jugendlichen Leichtsinn einen Hit der Kinks im Vorprogramm der Kinks gespielt“, erinnert er sich. Nach dem Konzert gingen die Desperados mit zwei Bandmitgliedern der Kinks Pommes essen. „Es war egal, wie bekannt man war. Man ist halt Musiker und hat deswegen genügend Gesprächsstoff“, sagt Hoffmeister. Ihn interessierte nur die Musik. Und so entging ihm, dass am Tag des Konzerts im selben Gebäude zwei Etagen höher Konrad Adenauer eine Versammlung ab-

Die Desperados spielen im Vorprogramm der Kinks im Bonner Bürgerverein.

hielt, wie sich Klaus Berger erinnert. „Da hat es wohl Probleme mit der Akustik gegeben."

Ende 1968 löste sich die Band Desperados auf und Hoffmeister gründete gemeinsam mit Werner Müller-Lankow und Albert Stolle die Band Proud Flesh. Sie sollte als erste Band auf der Bühne des Undergrounds in Muffendorf spiele und teilte sich dabei unter anderem mit Wolfgang Niedecken, dem Gründer der Kölsch-Rock-Band BAP, die Bretter im neuen Musikschuppen Bad Godesbergs. Niedecken trat in der Band Going Sad auf, wie es auf dem Eröffnungsplakat von 4. Oktober 1969 zu lesen ist.

Neueröffnung

Underground
Bad Godesberg

The Goin Sad
Folksinger Ulf
The Proud Flesh
Folksinger Berry
Klaus und Dieter mit:
Hänschen Klein

am 4. Oktober 1969, 17 Uhr
im Gasthof „Zur Post", Bad Godesberg-Muffendorf

Laut und dunkel

Wenn sich Hoffmeister an das Underground erinnert, fallen ihm sofort zwei Adjektive ein: laut und dunkel. Es gab weder Tische noch Stühle, stattdessen konnten es sich die Gäste auf durchgelegenen Matratzen gemütlich machen. Als Aschenbecher dienten alte Bettpfannen. „Damals war die Einrichtung egal. Die Leute wollten einfach nur Musik", sagt Hoffmeister. Der Saal fasste bis zu 600 Zu-

In den 70er-Jahren: Protest gegen die Schließung des Underground.

Die Beatniks im Piccadilly.

schauer. Fragt man nach Anekdoten aus der Zeit, so hört man von verschiedenen Seiten viel über die Gerüche, die den Musik-Tempel im Muffendorf umgaben. So soll es dort nicht nur stark nach Marihuana, sondern auch nach Urin gerochen haben. Es gab wohl für all die Gäste nur eine einzige Toilette und so wurde zwangsläufig die Umgebung des Undergrounds als mehr oder weniger stilles Örtchen verwendet.

In der Anfangsphase des Undergrounds traten vor allem Bonner Beatbands auf. Anfang der 70er öffnete sich der Club internationalen Bands wie den Scorpions, Uriah Heep, Edgar Broughton Band, Hardin & York, Brith Control oder Steamhammer. Am 13. Oktober 1973 begann die Band Queen ihre Promotion-Tour durch Europa ausgerechnet auf der Bühne des Muffendorfer Underground in Bonn. „Jetzt, wo ich weiß, wie sich das Underground entwickelt hat, bin ich schon sehr stolz darauf, es eröffnet zu haben", sagt Jens Hoffmeister. Was die Musikszene freute, ärgerte jedoch die Anwohner und die Ordnungsbehörden, mit denen es ständig Ärger gab. 1975 führte dieser Streit zum Aus des Underground.

Das Piccadilly

Internationalen Beat fand die Bonner Jugend auch im Club **Piccadilly**, schräg gegenüber vom Bonner Hauptbahnhof. Das zentrale Lokal war wie viele andere ein langer Schlauch. Ursprünglich lag die Bühne am Kopfende, zog aber später an die Längsseite gegenüber der Theke um. Klaus Berger kam als Jugendlicher hierher, um Live-Musik zu hören und zu tanzen. Bei einem Konzert der schwedischen

Band Shamrocks, die mehrmals im Piccadilly auftrat, war Berger dabei. Nur leider hatten die Musiker großen Spaß an den Rückkopplungen ihrer Verstärker und ließen diese laut durch den ganzen Club heulen. „Das war mir dann doch ein bisschen zu viel", gibt Klaus Berger zu. „Aber sonst habe ich es im Piccadilly nie als dunkel oder laut empfunden."

Das Piccadilly war nicht nur ein reiner Auftrittsort. Schon sehr früh wurden Platten aufgelegt, und das machte den Club zu einem Vorboten der Diskotheken, die vor allem ab den 70er-Jahren in Bonn populär wurden. Anfang der 70er war es mit dem Piccadilly vorbei. Das Gebäude, in dem es sich befand, wurde im Zusammenhang mit dem Bau der U-Bahn und dem vollständigen Umbau des Bahnhofsvorplatzes abgerissen. Was bleibt, sind die Erinnerungen. Klaus Berger weiß noch, wie er beim Tanzen im Piccadilly einmal ein Mädchen kennenlernte, das ihm gut gefiel. Also fragte er sie, ob sie nicht Lust habe, ihn in den nahe gelegenen **Club Bus Stop** zu begleiten. Das Mädchen antwortete ihm: „Ich weiß nicht, ob mein Freund da was dagegen hat." Damit war für Klaus Berger die Sache gegessen und er ging alleine ins Bus Stop.

Nächster Halt: Bus Stop

Der Bus Stop gehörte wie der 1600 Club zu den wichtigsten zentralen Adressen der Beat-Szene. Eröffnet wurde der Club im Februar 1966 von Walter Kettmann und den Brüdern Niggi und Edgar Lehmann. Auch sie

Concentric Movement im Bus Stop.

waren Musiker, kamen aber aus dem Jazz, der vor der Beat-Szene die Kneipen und Lokale Bonns beherrschte. Als das Interesse am Jazz schwand, wechselte das damalige „Lulu White Swingtett“ zum Rock. Walter Kettmann kann sich genau an die Initialzündung erinnern: „Meine damalige Freundin war Engländerin und wohnte in London. Sie schickte mir die Platte My Generation von The Who. So etwas hatten wir in Deutschland noch nicht gehört. Und uns war klar, dass wir mit Jazz bald nicht mehr auftreten werden können. Also machten wir als Take 5 mit Rock weiter.“ Sie brauchten einen Auftrittsort und am besten einen eigenen. Der Bonner Bürgerverein war damals das kulturelle Zentrum Bonn, weiß Kettmann. Bis 1963 war es die Spielstätte des Bonner Theaters. Kettmann wusste, dass es in dessen Keller für kurze Zeit eine Jazz-Kneipe namens Swingingpool gegeben hatte, wo er selbst, der 1960 nach Bonn gekommen war, lokale Bonner Bands gehört hatte. Die Jungs von Take 5 sprachen mit dem Wirt des Restaurants, das im Bürgerverein ansässig war, und pachteten daraufhin die ehemalige Jazz-Kneipe, die ursprünglich eine Kegelbahn gewesen war.

Ihr Startkapital bestand aus 500 DM. Kettmann, der seine Freundin damals häufiger in London besuchte, waren die „Bus-Stop“-Schilder in Erinnerung geblieben und da ihr Lokal in unmittelbarer Nähe zu einer Haltestelle lag, war der Name bald gefunden. Kettmann organisierte einige seiner geliebten Schilder aus London und Birmingham, die fortan die Wände der Bonner Haltestelle für Rockmusik im Keller des Bürgervereins schmückten.

Als Walter Kettmann, der einen VW Käfer fuhr, Ersatzteile auf einem stadtnahen Schrottplatz suchte, fand er drei ausrangierte Busse. „Die hatten wunderbare alte Ledersitze und so gab ich 200 DM unseres Budgets aus, um die Busse ausschlachten zu dürfen.“ Der Raum der ehemaligen Kegelbahn war nicht besonders breit, dafür aber sehr lang. Die Sitzbänke fanden ihren Platz an den beiden Längsseiten und umrahmten damit den schmalen Gang, der zur Bühne führte. Kettmann und seine Bandkollegen bauten zunächst nur die Hälfte des langen Raumes aus, denn die 500 DM waren bald aufgebraucht. Schließlich steuerte eine Freundin nochmals 500 DM und ihr Bruder seine private Musikanlage bei und so konnte der Bus Stop im Februar 1966 eröffnen.

Die „Unknowns“ im Bus Stop.

Bald wurde der restliche Teil des Raumes ausgebaut und die Bühne fand ihren Platz an einer Längsseite des Raumes. Unzählige Male standen Kettmann und seine Bandkollegen von Take 5 auf der Bühne. Sie hatten sich nicht nur auf Rock, sondern ebenfalls auf Soul spezialisiert. Bei den Auftritten kam es vor, dass der Sänger der Take 5 in Tränen ausbrach – nämlich immer dann, wenn er „When a Man loves a Woman“ sang und vorher „ein paar Pillen eingeworfen hatte“, so Kettmann. Mit Drogen wurde nun mal experimentiert. Besorgt wurden sie u. a. von der Kaptagon-Babsi – einer Arzthelferin, die an Kaptagonrezepte herankam, mit denen sie die Nachtschwärmer versorgte.

Ohne Moos ...

Die Haltestelle der Musiker hatte keine Ausschanklizenz. Die Getränke besorgten sich die Bandmitglieder über den Wirt des Restaurants im Bürgerverein. Ihre Regel für den Getränkeverkauf war simpel: „Wir zahlen nichts, gute Freunde trinken zum Einkaufspreis und Menschen, die wir nicht kennen, für einen kleinen Aufpreis“, sagt Kettmann. Das hieß aber, dass sie statt 35 Pfennig, dem Einkaufspreis, 50 Pfennig für ihr Getränk bezahlten. Nach ein paar Jahren kam Edgar Lehmann auf die Idee, Buch zu führen, und so stellten die Jungs vom Bus Stop fest, dass sie mit dem Verkauf von Getränken keinerlei Einnahmen machten, erinnert sich Walter Kettmann. Dennoch hatten sie immer Geld in der Tasche und das lag daran, dass der kleine Eintrittspreis, den sie von ihren Gästen forderten, ein wenig mehr einbrachte als die Getränke.

Klaus Berger war regelmäßiger Gast im Bus Stop und kann sich an einen Trick erinnern, der die Einnahmen der Lokalbetreiber geschmälert haben muss. Wer in den Club hinunterstieg, zahlte zunächst seinen Eintritt, bekam einen blauen Stempel auf die Hand und ging daraufhin meist nicht in den Club hinein, sondern wieder hinaus, erzählt Klaus Berger. Warum? Ganz einfach, der frische Stempel musste ausgenutzt werden. „Man hat drauf gehaucht und seine Hand auf die eines anderen gedrückt, damit auch er einen Stempel hatte. So konnte man ein wenig Eintritt sparen“, erinnert sich Berger.

Ende 1968 wurden der Bus Stop und der 1600 Club geschlossen – nicht freiwillig: 1969 wurde das Gebäude des Bonner Bürgervereins mitsamt der beiden Clubs abgerissen und durch das Hotel Bristol ersetzt.

Schwamborn am Schlagzeug im heimischen Probekeller.

Club der OT St. Cassius

Klaus Berger kann sich gut erinnern, wie er in den Sog der Beat-Szene geriet: Die Initialzündung kam 1960 beim Schmücken des Weihnachtsbaumes im Elternhaus in Beuel. Im Radio lief „Peggy Sue" von Buddy Holly und von da an beherrschte die Beat-Musik sein Leben. Er kaufte sich eine Gitarre und gründete seine eigene Band namens Pinky Blue. Den großen Durchbruch erreichte er nicht. Vor allem aber wurde er glühender Anhänger der Bonner Band Guards, die wiederum über Bonn hinaus Erfolg hatte.

Die Band gründete sich im Keller des Elternhauses in der Friedrichstraße von Schlagzeuger Karl-Heinz Schwamborn. Der Gewölbekeller war bald nicht nur Probe-, sondern auch berühmt-berüchtigter Partyraum, in den die Jugend strömte. In seiner unmittelbaren Nähe lag der **Club der OT St. Cassius,** in dem die Guards bald zur Stammband avancierten. Der Club der OT war 1957 in der Noeggerathstraße gegründet worden. 1960 zog er in die Kölnstraße und wurde zu einem der beliebtesten Auftrittsorte der Beat-Szene. Solche OT-Räume wie an der Kölnstraße gab es damals in allen Stadtteilen. Die Kommunen und Kirchen versuchten mit Anlaufstellen die Jugend von der Straße zu holen, weiß Klaus Berger, der regelmäßiger Gast der Kölnstraße war. „Das damals effektivste Lockmittel für die Jugend war der Auftritt einer Beatband, zumal in den 60ern fast jeder Auftritt jeden Saal füllte", erzählt Klaus Berger. Nachdem in der Kölnstraße Jazzbands auftraten, hielten ab 1965 mehr und mehr Beat-Bands Einzug. Sie spielten in einem schmalen Raum im Erdgeschoss auf einer kleinen Bühne am Kopfende des Raumes.

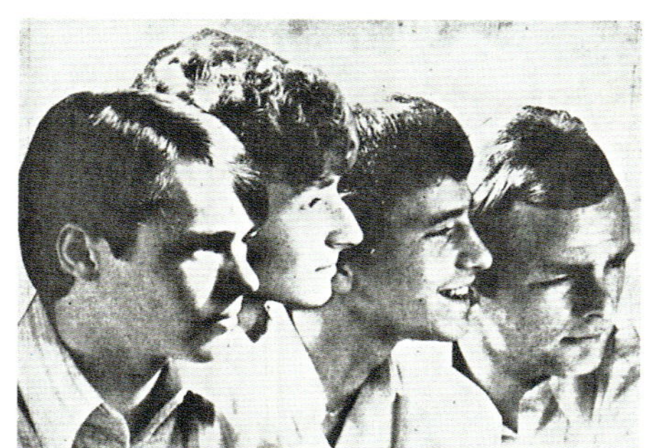

GUARDS

Klaus Berger und seine Gitarre, mit der er in der Band Pinky Blue spielte.

Brechend voll

Jeden Sonntagnachmittag ab 16 Uhr gab es Live-Musik in der OT und fast alle Bonner Bands gaben ihre musikalische Visitenkarte ab. Der Raum in Wohnzimmergröße hatte eine Zulassung für rund 200 Gäste, aber das nahm man nicht so genau: „Es wurden teilweise bis zu 400 Eintrittskarten verkauft – mit der Folge, dass die Besucher bis auf die Straße Schlange standen und viele gar nicht erst reinkamen", erzählt Berger. „Es war brechend voll da drin. Umfallen konnte man jedenfalls nicht mehr." Das konnte Karl-Heinz Schwamborn von der Bühne aus betrachten, wo er häufig Hunderten von Jugendlichen mit den Guards einheizte. „Die Beat-Szene war eine Bewegung, die damals durch alle Schichten der Gesellschaft alle Jugendlichen ergriff", so Schwamborn. „Es war eine einzigartige Zeit, in der sich alle gleichzeitig allein an den Idolen der Musik orientierten. Ich kann mich nicht erinnern, dass es so etwas in der Intensität noch einmal gegeben hat."

Die Concentric Movement im Keller der OT.

Auf der Tanzfläche in der OT herrschte keine Schüchternheit. Die Live-Musik wurde von der Jugend zum Paartanz genutzt –, und das ausgiebig. Klaus Berger fand man mittendrin, nicht zu verlegen, die Damenwelt beim Tanz kennenzulernen. „Bei einer Spielpause habe ich meine erste große Liebe kennengelernt", schwelgt er in Erinnerungen. „Das war schon sehr intensiv, hielt aber natürlich nicht." Das Jugendzentrum St. Cassius gibt es zwar heute noch, allerdings nicht mehr in der Populari-

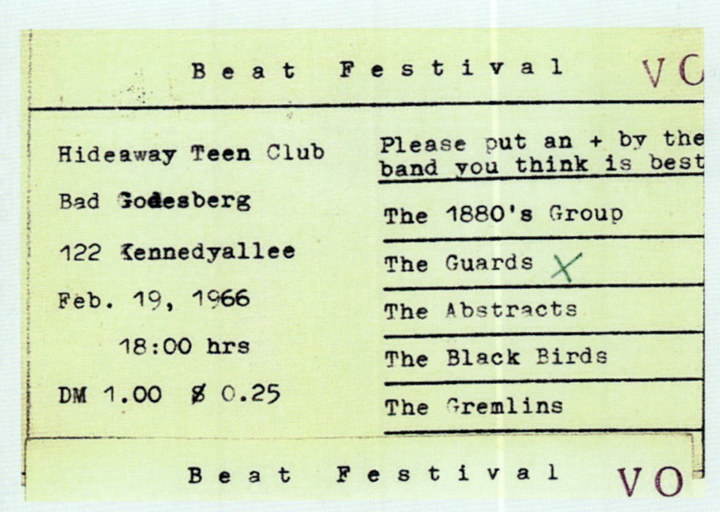
Beat Festival VO

Hideaway Teen Club
Bad Godesberg
122 Kennedyallee
Feb. 19, 1966
18:00 hrs
DM 1.00 $ 0.25

Please put an + by the band you think is best

The 1880's Group
The Guards X
The Abstracts
The Black Birds
The Gremlins

Beat Festival VO

tät und Nutzung wie in den 60er-Jahren. Die Guards hatten in Bonn ein Sprungbrett gefunden, das sie Mitte der 60er überregional bekannt machte. Als ihnen im Züricher Club Macott ein Vertrag für einen Monat Spielzeit angeboten wurde, drängte sich die Frage auf, ob die Jungs nun Berufsmusiker werden sollten. Da schalteten sich aber die Eltern der damals 18-Jährigen ein und verlangten von ihren Sprösslingen, dass sie Schule und Ausbildung fortsetzten, was die Karriere der Guards beendete.

Hideaway Teens Club

Klaus Berger war ein glühender Fan der Guards und ihnen bald freundschaftlich verbunden. Er folgte ihnen auf beinahe allen ihren Auftritten. Einer davon fand im **Hideaway Teens Club** statt, der sich in der amerikanischen Siedlung im Bad Godesberger Stadtteil Plittersdorf befand, und zwar am Rande des Shopping-Centers an der Kennedyallee. Die Siedlung wurde in den 50ern gebaut und zu Bonns „Klein Amerika". Es gab dort unter anderem ein amerikanisches Einkaufszentrum, Kino, Bibliothek, eine amerikanische Elementary- und Highschool und den „Amerikanischen Club", der von Staatsoberhäuptern wie dem damaligen amerikanischen Präsident Kennedy und Bundeskanzler Adenauer besucht wurde.

Die Guards spielten mindestens elfmal im Hideaway Teens Club und das führte ihren Fan Klaus Berger eines Abends in eine Situation, die er nicht vergessen kann. Er ging in die Toiletten ins Untergeschoss des Clubs. „Als ich die Kabine wieder verlassen wollte, hörte ich plötzlich Mädchenstimmen. Mir dämmerte, dass ich wohl aus Versehen durch die falsche Tür gegangen sein musste. Da mir die Peinlichkeit der Situation bewusst war, wollte ich abwarten, bis die Mädels den Raum wieder verlassen. Genau das aber passierte

Concentric Movement in der Harmonie.

Concentric Movement im Bürgerverein.

nicht, denn laufend kamen neue hinzu. Mir blieb also nichts anderes übrig, als mir ein Herz zu fassen und aus der Kabine herauszukommen. Kaum hatte ich die Tür geöffnet, verstummten schlagartig alle Gespräche. Teils entsetzt, teils erstaunt wurde ich angestarrt. So schnell ich konnte, stürmte ich die Treppe in den Saal hoch und verschwand in der tanzenden Menge."

Harmonie

Anfang bis Mitte der 70er-Jahre verschwand nach und nach die Beat-Musik aus Bonn. Stattdessen wurden Diskotheken populär und zogen ein anderes Publikum an. Für diejenigen, die weiterhin Live-Musik schätzten und hören wollten, kehrte der Jazz in so manche Kneipe zurück. Beat- und Jazz-Fans haben in Bonn nach wie vor in der **Harmonie** in Endenich ein Zuhause. Es befindet sich in einem historischen Gebäude auf der Frongasse, wo sich ab 1899 das Bonner Caféhaus etabliert hatte. 1920 wurde das Lokal in Harmonie umbenannt und als Gasthaus mit Tanzsaal umgebaut. 70 Jahre lang wurde die Traditionsgaststätte von der Familie Fassbender geführt. 1994 übernahmen sie Wolfgang Koll, Bert Jakwerth und Juppi Schnorbus. Sie führen sie seither als Musikclub weiter. Heute gehört die Harmonie zu den festen Größen in Bonns Kulturleben.

Schon in den 60ern traten hier Beat-Bands auf, unter anderem Alfred Endres mit seiner Band Concentric Movement. Er erinnert sich, dass die Harmonie damals wie der Club der OT eher ein „Ort der Erwachsenen" war – also einer, wo man zwar spielen durften, der aber sonst eher bürgerlich war und den man lediglich für die Zeit seines Auftrittes besetzte. Anders war das mit dem Bus Stop: „Der gehörte zu hundert Prozent uns, unserer Szene, unserer Generation", sagt Endres. Er fasst das Lebensgefühl zusammen: „Die Musik stand im Zentrum meines Lebensgefühls – sie war identitätsstiftend für uns. Mit ihr war man mit dem Rest der gesamten Generation verbunden. Und es gab nur eine Musik, die wir alle als gut empfanden: Beat. Alles andere war von gestern. Nach unserem damaligen Verständnis waren wir die Progressiven, Optimisten, uns gehörte Gegenwart und Zukunft. Wir waren die, die es draufhatten, die wussten wie es läuft und wie es laufen soll." Mit Kleidung und langen Haaren setzte man sich von dem Rest, den Bürgerlichen, ab und der Konflikt mit den Erwachsenen verstärkte den Zusammenhalt einer Generation, die Musik atmete, lebte und liebte.

Weitere Bücher über Ihre Stadt / Region

**Unsere Glücksmomente –
Geschichten aus Bonn**
Gigi Louisoder
80 Seiten
ISBN 978-3-8313-3325-7

**SCHÖN & SCHAURIG
Dunkle Geschichten aus Bonn**
Gigi Louisoder
80 Seiten, Schw.-W.-Fotos
ISBN 978-3-8313-3226-7

Bonn – Gestern und Heute
Lothar Schenkelberg, Erhard Stang
72 Seiten, zahlr. Farb- und Schw-W-Fotos
ISBN 978-3-8313-2252-7

**Zwischen 7 Bergen und dem Rhein
Geschichten und Anekdoten aus dem Siebengebirge**
Gigi Louisoder
80 Seiten, zahlr. Schw.-W.-Fotos
ISBN 978-3-8313-2888-8